The Mirror of God

神さまの鏡

いつのまにか幸せになる愛のレッスン

佐藤 康行

明窓出版

神さまの鏡　いつのまにか幸せになる愛のレッスン　目次

第2章　原因と結果の完璧

第3章　実践編

パート2　完璧で得た「悟りの世界」

鬱を越えてたどりついた世界

解説編　74

宇宙の営業

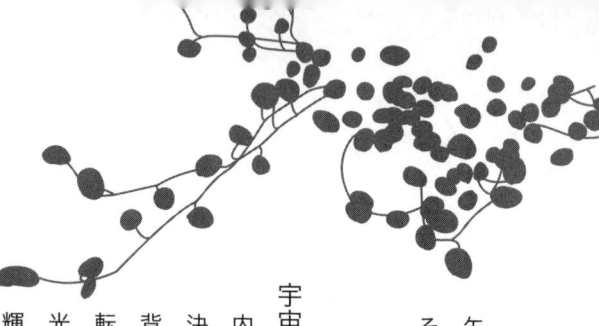

～プロローグ～

真我とは

人間とは何ですか？

この問いに明確に答えられる人は少ないでしょう。

私は、人間はすべて、完全完璧である真我だと捉えています。20数年来私はこの真我を追究し、研究してきました。

真我とは、心の一番奥にある本当の自分、宇宙の意識のことです。この宇宙に存在するものすべての共通意識です。宇宙の一部である人間は、一人残らず、この宇宙意識、真我そのものです。

私は、分かりやすく「真我で生きる」と言っておりますが、真我で生きている方々は、幸せを感じながら豊かに日々の生活を送っています。私は、現在まで7万を超える方々の素晴らしい変化を見てきました。借金、夫婦関係、親子関係、職場の人間関係、健康問題、うつ、引きこもり、アルコール依存症、トラウマなどなど、あらゆることで苦しんでいる方々が、この真我に目覚めた途端、スッと何もかも解決してしまった例は枚挙にいとまがありません。

宇宙の意識は完全で完璧ですから、本来、迷いも苦しみもないのです。ですから、自分が完璧であることを理解し、自覚したとたんに、夢から覚めるように真理が見えてきます。これは教えではありません。宇宙の真理です。あなたは生まれた時から、完璧で素晴らしいのです。

宇宙の意識には、善いも悪いもありません。正しい、間違いもありません。すべては完全完璧です。これは善いこと、これは悪いことと区別しているのは人間です。これは正しく、これは正しくないと定義しているのもまた人間です。

しかし、宇宙の意識、真我は、すべてがひとつであり、そこには何の矛盾もないのです。

東日本大震災

東日本大震災から2ヶ月ほど経った頃、私は避難所に行き、被災された方とお話をしました。家族の行方すらはっきりしていない方がおおぜいいらっしゃいました。なぜ自分がここにいるのかという憤《いきどお》りや悲しみもあったでしょう。余震が続き、不安の中で毎日を過ごしている方々を前に、私は、皆さんに三つの言葉をお贈りしますと言いました。

一つ目は「これでよかった」です。過去に対しては、すべてこれでよかったと唱えて下さい。これでよかったなんてとても思えないことでしょうが、それでも、「これでよかった、これでよかった」と唱えて下さい。そうしているうちに、よかった理由が必ず出てきます。個から、全体に意識を広げて見たときに見えてくるものがあります。

次に、現在、今に対しては「ありがとうございます」と唱えます。どんなことでも「ありがとう」と。そうすると、ありがとうの理由は後から見えてきます。

そして未来に対しては「だから良くなる」です。「だから良くなる、だから良

くなる、だから良くなる」そのように、良くなる方向に、車に例えるとハンドルを向けていくのです。この三つの言葉を心の中で唱え続けて下さい。そして、出てきたことをノートに書いてください。

真我は完璧ですから、「これで良かった」「ありがとう」「だから良くなる」、なのです。これを続けていくと、悪い事ばかりなんていうことはあり得ないことが分かります。人生全体、社会全体から見ると、そう見えてくるのです。

ふつうなら考えられないことを言っていると思うでしょう。でも、私の話を聞いていた方の中から、ノートとペンを取り出して書き始める方が、一人、また一人と現れてきたのです。

私は、静かな声ながらも、なんとかお役に立ちたいと、誠心誠意、真心をこめてお伝えしました。話が終わり、私は壇上から下りました。しばらく入り口付近に佇《たたず》んでいると、二人の女性が話しかけてきました。私は自分の話したことの反応も気になっていましたので、いろいろと尋ねてみたのです。

するとどうでしょう。別れる時には、笑顔を浮かべ、久しぶりによく眠れそうだとおっしゃったのです。おまけに、避難しているお立場なのに、私たちにお茶やお菓子までふるまおうとするのです。人の素晴らしさに、私は感動しました。同行したスタッフは涙を流していました。

東日本大震災のように人智ではどうにもならないことでは、宇宙の完璧に気づくしかないのです。

意識が変化して次元が上がることをアセンションと呼んでいますが、次元が上がることによって、今までと同じものを見ても一変して見えるのです。震災も世界人類皆の出来事だと見たら、これは最高の、意識次元を上げる最大の機会なのだとしか見えないのです。

真我は、今から何かを学ぶというものではありません。元々の自分に気づくだけでよいのです。気づこうが気づくまいが、元々私達は宇宙の一部で、宇宙の流れの中に生かされています。人間の頭で考えることは、どこかで矛盾したり、立ち行かなくなってしまいます。私たちはもともと完璧です。宇宙に存在するすべてが、宇宙の法則で動いているのです。

本書では、今あなたがどんな状態にあっても宇宙の『完璧』ということ、それをお伝えしていきます。避難所での出来事だけではなく、実際に完璧を受け入れた方の変化も紹介しています。いろいろな出来事で、個人が、世界が揺り動かされている今、私はいてもたってもいられず、この本を出版することにしました。

あなたも、『完璧』を受け入れてください。「これでよかった」「ありがとう」「だから良くなる」、そして「完璧」を唱え続けてください。そうすれば、必ず、人生は素晴らしいものになるでしょう。

佐藤康行

パート1
「完璧」は宇宙のことば

第1章 宇宙の完璧

☆時間も空間もない世界
☆全ての存在がそのままで完璧ということ

すべては宇宙

最近、「宇宙」という言葉があちこちで盛んに使われていますが、宇宙と聞いてもピンとこない方もいらっしゃるでしょう。空を見上げて、それを宇宙と捉えるかもしれません。しかし、本当は私たち自身も宇宙なのです。

大きなところから説明すると、宇宙の中に地球があり、そして地球の中に我々人間がいます。つまり、我々人間も宇宙の一部であり宇宙そのものだということです。人間も宇宙、蟻も宇宙、草花も宇宙、すべてが宇宙なのです。だから、宇宙に反するものはひとつも存在しません。すべてが宇宙なので、宇宙から逸れることはできないのです。

宇宙を「神」や「法則」と言い換えてもいいでしょう。宇宙は『完璧』です。宇宙の法則に従っているとか、宇宙の法則に背いているというような表現を耳にすることがありますが、それはまだ宇宙を全然分かっていない証拠です。すべてが宇宙なのであり、宇宙に反することはできないのです。

だから地球上に住んでいる私たちが活動した結果は、すべて『完璧』になります。言い換えるならば、私たちの人生の中でどんな結果が出ても、それは完璧なのです。例えば、地球温暖化で人間が地球に住めなくなるというなら、それも完璧なのです。もし宇宙が「このへんで許してあげる」「我慢してあげる」と言ったら、それは完璧ではなくなってしまうのです。それが原因で人間が地球に住めなくなり絶滅するというのなら、それも完璧に宇宙のシナリオ通りなのです。

宇宙には、まさに天文学的な数の星があります。その中のたったひとつが地球。だから、地球がなくなっても宇宙は何も困らないでしょう。困るのは私たち地球人です。だからこそ私たちが美しい地球を守らなければならないのです。

『宇宙の完璧』から、すべての人、物、事象は逃れることができません。しかし、宇宙の完璧をすべて理解することは難しいので、目前で起きている出来事に抵抗するのではなく、完璧をただ受け入れるだけでいいのです。

究極のゼロ

人間の次元が上がるというのは、どういうことでしょうか?

人間は、何か問題があると相手を責め始めます。相手を責めるというのは、3段階に分けると一番低い段階です。その次は、自立といって自分の責任でする段階です。しかしながら、思った通りにいかないと自分を責めます。これらの段階では、相手を責めると喧嘩になりやすい、自分を責めると鬱病や精神病になりやすく、どちらにしても意識レベルが低い状態です。

その次の次元が「ゼロ地点パワー」。これは愛と調和の生き方です。「ゼロ」とはありのままのことです。ゼロ地点に立って、ありのままの自分の弱さを認めたときに相手の素晴らしさが分かるのです。例えば、妻が自分の弱さを認めたときに、夫の逞しさが分かる。夫も自分の弱さを認めたときに妻の優しさが見えてきます。しかし相手を変えようとすると、ゼロ地点ではなく相手を上から見ているので、争いになりやすくなります。

普通の人は、１００％を目指そうとしますが、次元が上がるとゼロに戻るのです。『完璧』は究極のゼロ、神の世界です。そのままで完全であることに気づくのです。神の世界は、時間も空間も、物質もない世界です。

今、あなたはこの本を読んでいますね。両手に本の感触と重み、目には色や形を感じています。自分の部屋で読んでいるのか喫茶店で読んでいるのか、もしかしたら電車の中で読んでいるのかもしれません。何時から読み始めてどれくらい時間がたったかということも認識しています。

しかし、宇宙の完璧からいうと時間も空間も存在しません。宇宙の完璧は、時間も空間もない世界です。私たちが感じる個や時間や空間は、すべて脳の中で感じているにすぎません。時間というものは、あなたの脳の中で「1時間、1日、1年という時間」という世界を作り出しているにすぎません。空間というのも、脳で認識しているものです。「東京という空間、日本という空間、地球という空間、宇宙という空間」というように私たちが脳の中で作り出した世界なのです。本来は、時間も空間も何もありません。人間が便宜上、時間と空間という概念を作り出しただけに過ぎないのです。

宇宙の完璧は、過去も未来も存在しない世界です。

時間でいうと「究極の今」です。しかし、正しくは「今」も存在しません。「今」を何億分の1に区切っても「今」は「今」ではなくなるからです。過去も未来も現在もなく、全体も個もない世界。そして、原因も結果も存在しない世界。だから、当然あなたの悩みやトラウマも存在しない世界なのです。それが、神の世界、『宇宙の完璧』です。あると思っているのは、人間が作り上げた過去であり未来です。

『宇宙の完璧』を受け入れた瞬間に、トラウマが解消したという人も少なくありません。

宇宙では、瞬間で変わる

私の講座を受けた女性で、男性に対する嫌悪感や不信感に悩んでいる方がいました。幼い頃から男性とのスキンシップが苦手で、結婚してからも夫との関係で何かがしっくりこない。様々なカウンセリングを受けたのですが、どうしても変われないというのです。私は、彼女に「お父さんとの関係で何かあると思うので、お父さんのことを感じながら『完璧』と唱えてみてください」とお話しました。

彼女は、帰宅してからひとり、部屋でお気に入りの曲を流しお父さんの面影を思い描きながら、心の中でゆっくりと完璧を唱え始めました。最初は、「何が完璧なのか」という疑問や、「何が変わるのだろう」という期待で頭の中がいっぱいで、まったく心に響いてきませんでした。でも、しばらく唱えていると、いきなり涙があふれてきました。自分でも何がなんだか分からない。でも、その瞬間を待っていたかのように後から後から、滝のように涙が流れてきたのです。

彼女の両親は、彼女がまだ幼い頃に離婚していました。母親からは、「お父さんはダメな人」「あんな人と結婚しなければよかった」という悪口を聞かされて育ち、彼女も「父親は私を捨てた人」と思っていたのです。しかし、宇宙の完璧を受け入れた瞬間に、何かが心の中で切り替わりました。彼女は、自分の心の中にいる父と会話を始めました。

まず、彼女の中で最も大きなコンプレックスだった出生について聞きました。「お父さん、聞きたいの。お母さんが私を産みたくないと言ったときに、なぜ『男の子かもしれないから、もったいないから産んでくれ』なんて言ったの？私は産まれてはいけない存在だったの？」

そして彼女の両親は、女の子である彼女が産まれた直後に離婚したというのです。

「あのとき、母さんにそれを言ったのは、なんとか産んで欲しかったからなんだ。本当は、男の子でも女の子でも、どちらでも良かった。健康な子どもが授かればそれでよかったんだ。ただ、ああ言わなかったら母さんは、どうするか分からなかったら、口からあの言葉が出てしまったんだよ」

その瞬間に、彼女が40年間抱えていたコンプレックスが一気に解消しました。嬉しさで涙が止まらなくなりました。

もうひとつ、聞きたかったことがあります。それは、母との関係についてでした。

「なぜ、お母さんのほかにも女性がいたのに、お母さんと別れないでいたの？」

彼女がお腹の中にいるときも、産まれた後も、父は母以外の女性と交際していました。彼女は、そんな父親が許せなかったのです。

「父さんは寂しがりやでね。９人兄弟の末っ子で、誰にも認められずに育ったんだ。お母さんと結婚して、幸せな家庭を作ろうとしたんだけど、喧嘩ばかりしてうまくできなかった。それで、ほかの女性に心が動いたんだけど、その女性と別れて帰るときいつも正気に返る。母さんに対して本当に申し訳ないという気持ちでいっぱいになって家に帰って、母さんの顔を見た瞬間に愛おしい気持ちが止められなくなって、それで母さんとよりを戻していたんだ。ごまかすために、母さんにうそをついたことは一度もないんだよ」

お父さんは、お母さんのことを愛していたんだ……。

彼女は、すべて自分が勘違いしていたということが分かりました。自分が感じられなかっただけで、父は母と自分を心から愛していたのです。

私、本当に、愛に満たされていたんだ……。

40年間抱えていたコンプレックスは、実は幻想だったのです。トラウマは、彼女が自分で作り出していたものでした。

過去はすべて、この瞬間に自分が作り出すものです。さらに、未来もこの瞬間に自分が作り出すものです。宇宙では、その両方が「今」という瞬間に畳み込まれています。だから、宇宙の完璧を頭ではなくて、魂で理解したときに、過去も現在も未来も瞬間的に変わるのです。まるで、真っ黒だったオセロの盤が、一瞬にして真っ白になるように。完璧というピースをはめるだけで、人生ががらりと変わります。

すべての存在がそのままで完璧

私は20年以上、人が自分自身の心をどうやったらコントロールできるのかを研究してきました。それで分かったのが、心は心を制御できないということです。

人間の心は、弱いもの、移ろいやすいもの、つかみどころのないものです。人の不幸を見ても悲しくなるし、人の幸せを見ても悲しくなることがあります。苦しみ、悲しみ、嫉妬、猜疑心《さいぎしん》、自己欺瞞《ぎまん》……。様々な心に私たちは日々、惑わされて生きています。しかし実は、世の中の事件はすべて、現実になる前に心の中で起きています。だから、心を修正してしまえば、世の中のほとんどの事件はなくなります。事件だけではありません、病気も夫婦関係も、社会問題も、政治も、戦争すら、すべての現象はまず心の中で起きているのです。

だから自分の現実を変えるためには、自分を救うためには、そして世界が平和になるためには、まず自分の心の王国の支配者にならなければなりません。自分で自分の心を完全に制御する方法を身につけるのです。そうしないと、周りの環境や誰かに支配された一生、振り回されるだけの人生を送ることになります。

しかし、遠い先祖から受け継いだ心に対して、薄っぺらい意識や後から入れた知識、学歴ではとても太刀打ちできません。例えば、よくプラス思考で生きようといわれますが、落ち込んで苦しんでいるときに、いきなり切り替えられるでしょうか？　確かに、雨が降った朝に「雨でぬれるのが嫌だ」と思うより「雨の日の静かな湿り気が心地よい」と感じるほうが、気持ちのいい一日を過ごせるに決まっています。しかし、それができないのが人間の心。一筋縄ではいかないものなのです。

では、どうすれば常に心を晴れやかかに、穏やかにすることができるのでしょう？

それは、人間の意識だけでは無理です。人智を超えたもの、宇宙の法則に沿ったときに、心が救われるのです。それを神と呼んでもいいでしょう。

では、宇宙や神があなたを救ってくれるのでしょうか？　いいえ、残念ながら救ってはくれないのです。究極的には、あなたが自分で自分の心を救うしかありません。なぜなら、あなたは『完璧』だからです。『完璧』なあなたを、なぜ誰かが救うのでしょうか？　救えるのは自分だけです。

すべての存在が、そのままで『完璧』であると受け入れること……

あなたの存在が、そのままで『完璧』であると受け入れること……

宇宙に、『完璧』ではないものなどひとつも存在しません。だから、あなたという存在も、たとえ何があってもそのままで『完璧』です。それが宇宙の法則なのです。

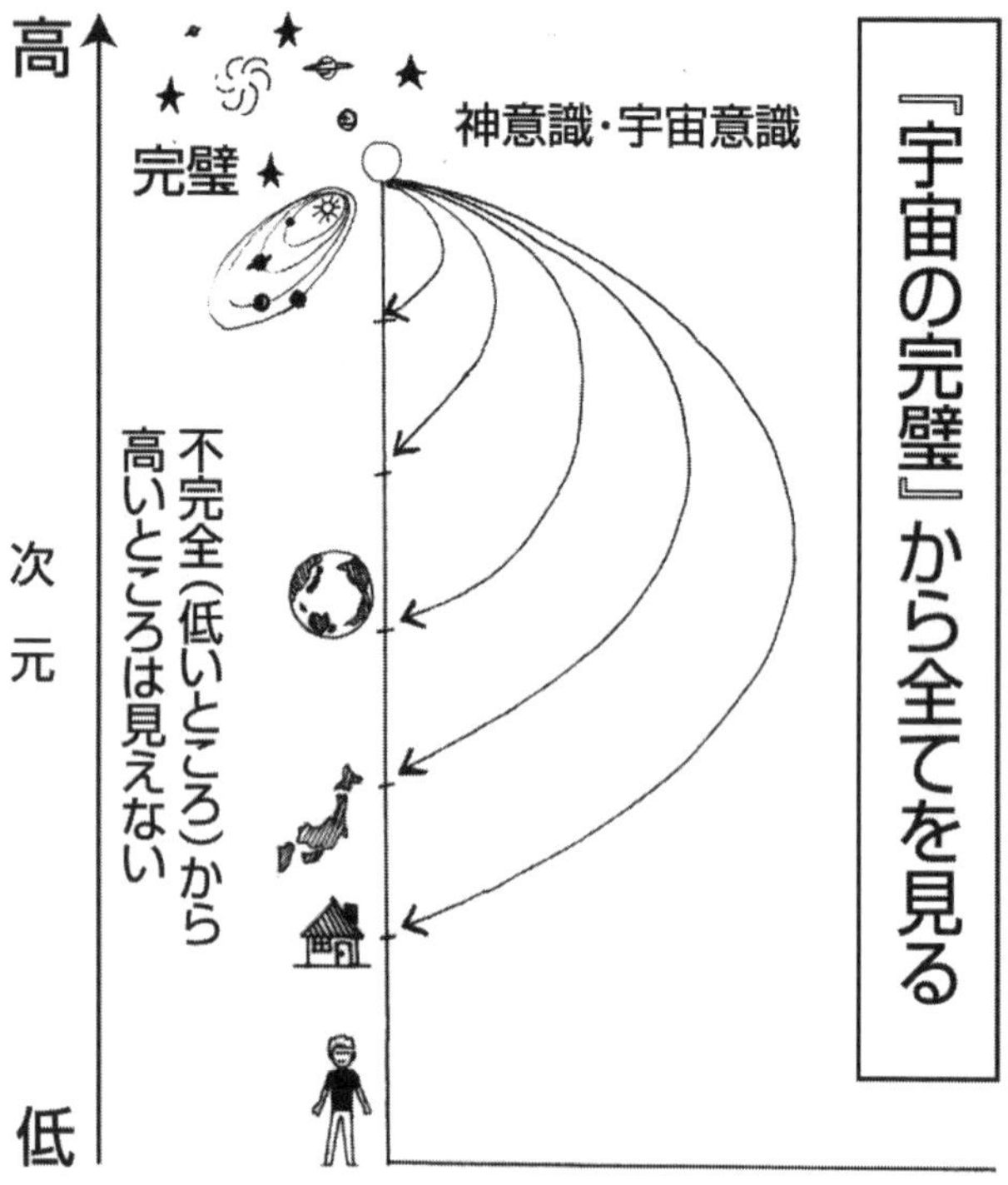
『宇宙の完璧』から全てを見る
高
低
次
元
神意識・宇宙意識
完璧
不完全（低いところ）から
高いところは見えない

第2章

原因と結果の完璧

☆身の回りに起きている出来事をみていく
☆結果の捉え方

ふたつの世界

私たちが感じることができるこの世界は、外に起きている現象面（外界）と、その現象面に反応している心（内界）のふたつがあります。この宇宙のシステムには、必ず『原因と結果の完璧』が働いています。

例えば、ここにチューリップの種があったとしましょう。チューリップの種を植えたら、チューリップの花が咲きます。種という『因』によって、花や実という『果』ができます。人も同じです。私たちの心が種（原因）、そして日々起きている現象面が花（結果）なのです。心が『因』になって、現実世界に現象という『果』が現れます。

まいた種は、必ず咲くと決まっています。だから人もまず、種である自分の心（内界）を知ることが大切なのです。それは、本当の自分とは何かを知ることです。

本当は、全員が天才なのです。人には、天から与えられた役割や才能があります。それを充分にいかすことが、天命や天寿を全うすることに繋がっていくのです。

しかし、チューリップも、土や太陽、水や肥料などの条件に恵まれないと、花を咲かせることはできません。それと同じく、人も『縁』に恵まれないと、その才能は実を結ばないのです。だから、縁に恵まれるためにも、魂に磨きをかけることが大切です。内面を磨いていくことが、私たちの外界、つまり現れる現象を変えることに繋がります。

心が原因

普通、私たちは何か問題や悩みがあると、外界に原因を探してしまいます。

例えば、上司に注意されてイライラしているとしましょう。原因は、上司でしょうか？　会社でしょうか？　それとも、誰かがあなたのことを告げ口したからでしょうか？　どれも違います。原因は、イライラするあなたの心にあるのです。

私たちが経験する悩みや問題はすべて、実は私たちの心（内界）が原因になっています。

外に起きている現象面を幸せと捉えるのも、不幸せと捉えるのも、現象面（外界）に反応する内界、つまり私たちの心が決めることであり、また、その心が現象面に反映されるのです。

ある人は同じように上司に注意されても、ありがたいことと捉えて感謝をするかもしれません。

そうお話しすると、「だから自分が悪いんだ」「ダメなんだ」と自己嫌悪を感じてしまう方もいらっしゃるでしょう。

それは違います。あなたが経験していることはすべて『完璧』なのです。

宇宙では、あらゆるものが調和して存在しています。道に咲いている花も、すれ違った人も、手に取った本も、宇宙のリズムの上で完璧に存在しています。宇宙は完璧なものしか作れないのです。だからあなたという存在も、そのままで『完璧』なのです。上司に注意されたという現象も完璧というわけです。

身の回りに起きる出来事を見ていく

『完璧』を唱えていくと、意識次元が高くなって今まで見えていなかったことに気づくようになります。自分の人生で、「これが原因だったのか」という最初の気づき、意識次元が変わっていくことによって見えてくるものが、『原因と結果の完璧』です。

山に登ったことを想像してください。山の中腹から見る風景と、頂上から見る風景は違います。頂上からみると、視野が広くなって遠くの景色まで把握できます。山の麓にいたときには、少しの範囲しか見えなかったものが、頂上にいけばずっと多くのものが目に入ってくるのです。

次元が低いときはまだ麓、次元が高くなると頂上の段階に達すると考えれば分かりやすいでしょう。次元が高くなると、全体が見えてきます。全体が見えるから、もっと広い視野で判断できるようになるのです。

『完璧』に気づいていくことによって、意識次元が高くなります。つまり、アセンションしていくのです。

今まで、個別に存在すると思っていた出来事が、実は巧妙な細工のように、宇宙の完璧なリズムに則って起きていると気づくようになります。

これは頭の良し悪しではありません。頭や知識の世界ではありませんから、知っている知らないの問題でもありません。ただ、『完璧』に気づくことによって、身の周りの出来事の奥に隠れている本当の原因を見つけることができるようになるのです。「こういう意味があったんだ」「これでよかったんだ」という気づきがすべてを浄化し、新たな人生のステージが始まるのです。すべては無意識にやっているのに完璧としか思えない、それが『原因と結果の完璧』です。

過去、現在、未来が変わる

自分の認識が変わると現在だけではなく、過去も未来も変わります。なぜなら、過去も現在も未来も、私たちの認識、五感が作り出しているからです。

ある主婦の方の体験談をご紹介しましょう。

彼女は、ご主人の収入が少なくなって働きに出ることになりました。最初はご主人に対して「何で私が働かなきゃならないの」と責める気持ちでいっぱいだったそうです。しかも、経験したことのない販売の仕事で、自分よりも10歳以上若い先輩に頭ごなしにガミガミ言われ、毎日辛い思いをしていました。

ところが、休憩時間に完璧を唱えるようにしたら、まったく受け止め方が変わったのです。突然「今、この瞬間にやっていることが完璧なんだ」という気づきがおとずれ、仕事で新しいことを覚えるのが楽しい、仕事ができることが嬉しい、と謙虚な気持ちに変わっていきました。自然と仕事がはかどるようになり、販売グループのリーダーにも抜擢されたとか。ご主人に対しても、仕事のきっかけを作ってくれたと感じられて、夫婦の仲も深まったということです。

彼女の場合、現在の『完璧』に気づくことによって、過去も未来も変えてしまいました。

意識次元が上がることにより、目の前の現象がまったく違う意味を持ちます。今まで許せなかったものを愛せるようになります。さらに愛の気持ちから行動するので、ここから始まる未来が変わっていきます。これは『宇宙のスパイラル』と言えるかもしれません。

身の回りの出来事を『完璧』と捉えられるようになると、自然と感謝の念が湧き起こってきます。宇宙の法則によって生かされているということに気づくと、自分の意識を遥かに超えて、愛されていると実感するからです。その瞬間に、自然と感謝が沸き起こってくるのです。

ふたつの苦労

「ポジティブシンキング」という言葉をよく耳にします。

たしかに、「ポジティブになれ」「くよくよするな」は、もともと心が強い人にはいいアドバイスかもしれません。しかし、それで本当に前向きになれるならば人間はそんなに心を病むことはないでしょう。

人間の苦労はふたつに分類されます。「持ち越し苦労」と「取り越し苦労」です。

持ち越し苦労は、過去に対する後悔です。「あんなことするんじゃなかった」「あんなこと言わなければよかった」という過去に対する思いを残してしまうことをいいます。

取り越し苦労は、未来に対する妄想です。例えば、資金が足りなくなり破産が怖くて鬱病になってしまう場合は、取り越し苦労です。

頭の中の知識としてあるポジティブシンキングで抑えようとしても、抑えきることはできません。人間の心の世界は、頭という蓋で抑えられるほど簡単ではないのです。

心の三層構造

人間の心は「観念」「業」「真我」の三層構造で成り立っています。

一番表面の「観念」とは、どこかから入れた情報や知識から成り立っています。「観念」は知識・情報のレベルです。顕在意識とも言えるでしょう。この段階では、心を頭で理解しています。プラス思考、愛や感謝の心が大切だと、インプットによって頭では分かっている部分です。

その次の層には「業《カルマ》」が存在します。「遺伝子の記憶」と言い換えてもいいでしょう。先祖代々受け継がれた記憶、前世の記憶、親に育てられた過去の経験などすべてが、記憶として細胞に染み付いています。

頭（「観念」）では「プラスに思おう」と思っても、そうはいかない心が何かの条件がきっかけで湧き上がって来ることがあります。この原因が、過去の記憶である「業《カルマ》」です。似たような経験があると、それに触発されて心が反応するのです。

例えば、幼い頃に父親に虐待された女性がいたとしましょう。彼女は、どんな男性とつきあってもうまくいかないという多くの経験をする可能性があります。それはなぜかというと、この「業《カルマ》」が原因なのです。虐待されてつらかった、苦しかった、あるいは恨んでいるという記憶が、頭では仲良くしようと思っているのに、自分でも分からないうちにうまくいかない現象として現れてしまうのです。顕在意識では思い出せないような記憶が、邪魔をしているのです。

では、人はこの「業《カルマ》」という『原因』を解消しない限り、幸せになることはできないのでしょうか？

答えはＮＯです。

「業《カルマ》」が、実在しない闇の心だったとしたら、その奥に、光の心である『真我』があります。

つまり、あなたの真の実在「本当の自分」です。それは内なる神の心、内なる仏の心、宇宙の心、愛そのものといってもいいでしょう。この一番奥にある真我を引き出すと、闇は光で消され、真我が『原因』になってそのまま『結果』である現象面が変わります。先述の例でいくと、虐待されてつらかったという記憶は、真我によって捉え方が変わり、うまくいかなかった異性関係に変化が現れるのです。真我は頭で学ぶのではなく、元々在るところから引き出すだけでよいのです。

究極の鏡の法則

人は自分を映しだす鏡とよくいわれますが、私が提言しているのはその更に奥の、究極の次元である「神鏡の法則」です。

自分が真我、愛そのもので人に接していくと、相手も愛で返してくれます。相手の幸せを喜ぶと、相手も自分の幸せを喜んでくれます。

では、真我ではなく、過去世や先祖からの記憶である「業《カルマ》」で相手と向き合った場合は、どうでしょう？

相手が敵愾心《てきがいしん》を持っていたら、自分も敵愾心を持ちます。相手が自分を嫌いになると、自分も相手を嫌いになります。これは「カルマ鏡の法則」です。

自分の過去の記憶や価値観で、この人は間違っていると見るのは「カルマ鏡の法則」です。自分の業《カルマ》で相手を見ているということになり、そこに映し出されるのは、自分のカルマということになります。

「神鏡の法則」では、自分の真我で相手の真我だけを見るのです。何があっても、相手が何を言っても、一番奥にある真我だけに焦点を当てていくと、そこには完璧しかないことが見えてきます。

あなたが見ている世界、あなたの目の前に展開される現象面は、実はあなたの心を忠実に映し出してくれる鏡なのです。

外で起きていることに固定された意味はありません。それを受け止める、あなたの心が意味を決めているのです。

誰かに言われたことや、経験したことで嫌な気持ちになったり、責める気持ちになったら、あなたは「カルマ鏡の法則」で世界を映し出しています。

しかし、内なる神、『真我』には「業《カルマ》」は一切ありません。まさに、『完璧』な姿なのです。それを表に映し出したときに、カルマが薄れて次元が上がります。これをアセンションと言います。

では、実際に、どうしたら完璧を受け入れることができるのか、次の章で具体的なツールを使ってご紹介しましょう。

第3章

実践編

☆「完璧　愛ポスト」の目的
☆「出来事や変化」
☆「これでよかった」
☆「愛の行動リスト」

この章では、簡単な実践を通して、『完璧』を受け入れる方法をご紹介します。前章まで、あなたが完璧で素晴らしい存在であることをお伝えしてきました。でも、理屈では分かっても実感できないという方がほとんどでしょう。これからご紹介するツールを使うと、あなたが今どんな問題を抱えていたとしても、『完璧』が見えてきます。

悩みや不安、心配事が消えていく「言霊」と「完璧　愛ポスト」

ここでは、簡単なツールを使っていきます。

ひとつは、『完璧』を心の中で繰り返す、あるいは言葉に出して唱えるということです。この言霊の力だけでも効果がありますが、「完璧　愛ポスト」というシートを使うことにより、妄想を消し、過去を全肯定し、未来に道をつけることに繋がっていきます。今抱えている、取り越し苦労、持ち越し苦労、妄想、悩み、心配、不安、恐怖が心から消えていきます。

「完璧　愛ポスト」は、以下の4つの欄のからできています。

◎出来事

抱えている問題を明確化します。よくないと思っている出来事を簡潔に表します。無意識のレベルで『完璧』に気づくだけでなく、意識のレベルでも「原因結果の完璧」に気づきやすくなります。

◎これでよかった

ここで過去を全肯定します。これに気づいた瞬間に、過去の後悔、持ち越し苦労が消えます。

◎愛の行動リスト

これからどういう行動を起こしていくかを決めます。これで取り越し苦労をなくし、未来に道をつけます。すべては『完璧』という視点から捉えられるため、『完璧』な未来に向かっての行動が見えてきます。

◎優先順位

愛の行動リストの中で、優先順位をつけます。

この「完璧　愛ポスト」は書いて終わりではありません。「愛の行動リスト」を実際に行動に移すことが大切です。書いただけでは、自分の心に平安は訪れるかもしれませんが現象面は変わりづらいのです。行動によって、さらに新しい展開、未来への道が現実となって現れます。

実践法

「完璧　愛ポスト」は、いつ、どこでやっても構いません。静かな部屋でも、通勤途中でも、朝でも夜でも大丈夫です。

◎手　順

1.「出来事」を記入する

今、抱えている課題や問題、または解消したい感情を「出来事」欄に記入します。この時、問題は簡潔に書くことです。

2.『完璧』を唱える

目を閉じて心が落ち着くまで、心の中で「完璧、完璧、完璧」と繰り返します。頭で理解しようとするのではなく、結論・結果が先です。意識では理解できなくても、無意識のレベルで変化があります。

3.「これでよかった」を記入する

「出来事」に対して、「これでよかった」と思える理由を記入しましょう。そう思えなくても、まずは書き始めることが大切です。いくつ書いてもOKです。

4.「愛の行動リスト」を記入し、優先順位をつける

その出来事が良くなるということよりも、周りの人やあなたの人生全般にとっての「明るい未来」に結びつけるための具体的な行動を記入します。できるだけたくさん書いてください。書き終えたら、優先順位をつけてください。その優先順位に従って、即、行動を起こします。

5.『完璧』を唱える

もう一度、書いたことを感じながら目を閉じて「完璧……」を繰り返します。

この表は、どこから記入していただいても結構です。意識の次元が高くなると、すぐに「愛の行動リスト」が出てくるようになるので、どんどん行動に移していけるでしょう。

◎注意点

1．自分にも他人にも『完璧』を求めない

そのままで、すべての人が『完璧』なのです。人に対して『完璧』を求めると、攻撃してしまいます。また、自分に対して求めると自己嫌悪に繋がります。『完璧』は求めるものではなく、もともと『完璧』であるという真理に気づくことが大切です。

2．「完璧」を唱えて辛い場合

『完璧』を唱えていて苦しくなった場合や、つらい思い出がよみがえってくるような場合は、「これでよかった」を唱えてください。「これでよかった」と思えるようになると『完璧』を感じられるようになります。

＊次のページに、「完璧　愛ポスト」の記入例を掲載いたします。ブランクの「完璧　愛ポスト」は巻末に付けていますので、コピーしてご使用ください。

愛ポスト」

記、不安、恐怖がその場から消えていく魔法のポスト～

ても、まずは筆を走らせましょう。（いくつ記入してもOKです）

生全般にとっての「明るい未来」を具体的に書きましょう。

事で、あなたの意識の次元が高くなる効果が生まれます。

かった 全肯定）	愛の行動リスト （未来に道をつける）	優先 順位
ろうとしていることに気 比べられて悲しい気持 ついた 持つことができた	・弟の考えを興味を持って聞く ・手伝えることはないかと聞いてみる ・自分の本当の思いを話す ・弟に相談に乗ってもらう	2 3 4 1

】であるから。

「完璧

～取り越し苦労、持ち越し苦労、妄想、悩み、心配

1．心に残っている過去の「出来事」、解消したい「感情」を記入しましょう。
2．「完璧、完璧、完璧」と唱え続けましょう。（結論が先、すべてが完璧）
3．「これで良かった」と思える理由を記入しましょう。なかなかそう思えなくて
4．「愛の行動リスト」は、その出来事が良くなるということよりも、周囲や人生
5．「完璧、完璧、完璧」と唱え続けましょう。
このリストは、どこから記入して頂いてもOKです。また繰り返し記入する

出来事や感情	これでよ（過去を
・弟が私の善意を受け入れてくれない	・弟が人に頼らずにや がついた ・父に姉である私と ちであったことに気が ・自分を顧みる時間を

※注意点

① 自分に他人にも完璧を求めない。なぜならば、すでに、全ての人が『完璧』

② 「完璧」を唱えることで苦しくなったら、「これでよかった」を唱える。

実践のポイント

「完璧　愛ポスト」のポイントは、一見悪いと思われることも「これでよかった」「完璧」と、言いきることです。何の根拠もない、どうしてよかったのか分からない、それでも「これでよかった」と言いきるのです。そして考えます。これでよかった理由を考えるのです。そうすると、今まで考えもしなかったような、これでよかった理由が出てきます。

これでよかったと頭で思えた時に書くのではありません。とても思えない時にやるのです。

ここが重要なポイントです。

とてもではないがよかったと思えない時に、「これでよかった、これでよかった、これでよかった」と、本当に思えるまでやり続けるのです。

今振り返ってみるとよかった、ああいうことがあったけれどよかったというのではありません。とてもそうは思えない、今その時に、「これでよかった、これでよかった、これでよかった」と言い続けて、よかった理由を書くのです。書いて書いて書きまくっているうちに、本当によかったんだと思えてきます。

「これでよかった」の欄に書く量は多い方がよりよいでしょう。たくさん書いてください。たくさん書いているうちに、心は本当によかったと思えることでいっぱいになります。その思いを、今度は行動に移すのです。

例えば、誰かに思いっきり叱られたとしましょう。なんて嫌なやつなんだろうと思っているとします。

それを、「これでよかった、これでよかった、これでよかった」と書いているうちに、あのようなことを教えてくれた、このようなことに気づけと言っているんだ、ということが出てきます。そうすると、ああよかった、本当によかったんだと思えてきます。感謝の気持ちが湧いてきます。今まで嫌いだと思っていた人も、だんだん好きになっていきます。そして、さらに書き続けると、本当にいい人に見えてきます。

ここで、「いい人に見えてくる」で終わってしまったら、最初の嫌なやつが思い出されて、その心に引っ張られる可能性があります。これでは、現象が変わりません。そこで、引っ張られる前に行動を起こすのです。間をおかずにコンタクトをとり、「ありがとうございました。本当に勉強になりました」と感謝を伝えるという行動を起こすのです。

おかげさまで、こんなことに気づきました、あの時未熟な私を叱ってくれたおかげで、私はこういうことに気づきました、ありがとうございました、と電話をする、メールや手紙を書く、会いに行くなどを、行動リストに書いていくのです。行動リストは、すぐにできる具体的なものにしてください。書いたら、すぐに行動に移すようにするのです。以前の自分の心に、嫌な奴だなと思っていた心に引っ張られる前に実践するのです。そうすると、現象が変わり、良い循環ができてきます。

悩んで苦しんでいる時に、なかなか良い心は出てこないでしょう。だから書くのです。

この「完璧　愛ポスト」によって、身の回りに起きている出来事から『原因と結果の完璧』に気づくことができるようになります。その気づきから意識の次元が上がり『宇宙の完璧』へと近づいていくのです。

今、この場ですぐに書いてみてください。きっと素晴らしい効果に驚くことでしょう。繰り返し行うことによって思い悩む時間がなくなり、愛の行動リストがたくさん出てきて、すぐに行動に移せるようになります。

あなたがこれを続ければ続けるほど、周りがどんどん変わります。「完璧　愛ポスト」をコピーして、手帳やノートに挟んでいつでもワークできるように準備してください。そして、いつでもどんな場所でもこの「完璧　愛ポスト」を実行してください。必ず、あなたが目を見張るような変化が訪れることをお約束します。

パート2
完璧で得た「悟りの世界」

完璧を受け入れると、どういう変化が訪れるのでしょう？
このパートでは、実際に『完璧』を自覚することで宇宙のリズムに乗った方から寄せられた体験談を、物語として再現します。
※物語は実話ですが、登場人物の氏名・職業などを多少変えています。

鬱を越えてたどりついた世界

異動

「矢口、ちょっと会議室にきてくれないか」

クライアントとの打ち合わせの準備をしようとした矢先、部長から声をかけられた。

「すぐにですか？」

「ああ、緊急だからすぐきてくれ」

やれやれと思いつつ、部長が待つ会議室に急いだ。私は、半年前から自分の上司になったこの部長が実は苦手だった。業務日報の書き方や、電話の対応、さらに名刺交換の方法まで、すでに20年以上バリバリ営業職で働いている自分に対していちいち細かいことを指摘するのだ。目の上のたんこぶのような存在だった。

「実は異動のことなんだ。来月の1日付けで、総務部に異動してくれ。急な話だが、会社の重要なプロジェクトで優秀な人材が必要なんだ。今持っている案件は、すべて同僚に引き継ぎして後方支援にあたってほしい」

突然の部長の台詞に、私は言葉につまった。

「でも、今ちょうど、T社の大型印刷機の商談の真っ最中です。決まったら1台で数千万、全部決まると億を超える大型商談なんです」

「その件なら、工藤課長に話してあるから大丈夫だ。君はすぐ異動の準備にかかってくれ」

目の前が真っ白になった。頭をガツンと殴られたような感じだった。自分の心が身体から浮き上がっているような感覚。頭の中で「なぜ自分が？」という言葉が何度も何度も繰り返される。

飲み会

その夜は、同僚の水口を飲みに誘った。いつもは会社から徒歩10分ほどの居酒屋で飲むのが恒例だが、今日は、電車で10分ほどのところにある学生時代から知っているバーを選んだ。私は、早めに到着して店の隅でバーボンを飲みながら水口を待った。

「よお、遅れて悪かったな」

水口が入ってきた。水口とは、入社以来の仲で、ともに営業畑を歩んできた仲間と言ってよかった。水口はウイスキーを頼むと、暗い顔をした私を心配そうに眺めながら声をかけた。

「お前の異動の話、聞いたよ。もう、営業部中で噂になっているぞ」

部長とのやり取りがよみがえってきた私は、

「そうだと思ったよ。俺は課長と部長にはめられたんだ。知ってるだろう、そりが合わなかったこと。前から嫌な奴らだと思っていたんだ。あいつら、営業のことは何も分かっちゃいないくせに偉そうなことばかり言ってて……」

と悪態をついた。

「いいじゃないか、栄転なんだろう。新しいプロジェクトが総務部で動き出したと聞いたぞ」

「何を言っているんだ、左遷だよ。総務部の仕事なんて、営業のお荷物じゃないか。奴ら、売ることもできないのに文句ばっかり。あんな奴らと仕事なんてまともにできやしない」

「まぁ、そんなに思い詰めるな。また、数年したら営業に戻って来られるかもしれないだろう。別の仕事を経験できるなんて幸せだぞ」

「気休めはいいよ。どうせ、いいお払い箱だよ、俺は」

「それより知っているか、お前の同期の安積の話。あいつ、鬱病で会社辞めさせられたらしいぜ。かわいそうにな。まだ子どもが小学生で家のローンも抱えているっていうのに。鬱病になったら終わりだな。お前もそうならないように気をつけろよ」

「なれるもんなら鬱病にでもなりたいよ」

私は、一気にバーボンをあおった。喉が熱く燃え上がり、心が裂けてしまいそうだった。

兆し

総務部の仕事は最悪だった。渡された書類の束をパラパラめくりながら、小さくため息をついた。これにまず目を通すようにと総務部長から指示されて以来2ヶ月、何も仕事らしい仕事がないのだ。活動的な私にとっては、それは何よりも酷な状況と言えた。

ある朝、重い足取りでデスクに座り、パソコンを立ち上げたとき、後ろから視線を感じた。チラリと振り返ると若い社員がコソコソ喋っている。「何か、俺の噂をしているんじゃないか」「馬鹿にしているんじゃないか」と、嫌な感じがした。パソコンに向かっているのに後ろが気になって、まったく手が動かなくなった。

結局、その日のうちに完成させるはずだった書類はまったく進まなかった。気が重くて、キーボードを叩けない。何を打てばいいのかも頭に浮かばないのだ。

「まだ、こんな書類も終わっていないのか⁉」

3日後、報告を聞いて総務部長は大声で言った。

「君に頼んだのは、1週間以上前だったというのに、毎日、いったい何をしていたというんだ」

自分でも分かっていた。何にも手につかないのだ。会社では、パソコンの前にいるよりも喫煙室にいる時間のほうが多くなっていた。パソコンの前に座っても、やる気が出なくて適当なホームページを見てばかりだった。

「明日中に完成させて、報告してくれ」

総務部長は、諦めたように言った。

私は、自分の席に戻ってさらに気が重くなった。「なんで、こんな仕事もできないんだ」と、心の中でつぶやいた。営業時代に自分が蔑《さげす》んでいた「仕事ができないのろまな奴」。まさにそれは今の自分だった。ついこの間まで、あれだけバリバリ営業として働いていたのに……。悔しくて情けなくて、涙がにじみ出てきた。

家庭崩壊

酒を飲む回数が増えていった。以前は必ず同僚と飲みに行ったのに、愚痴ばかりこぼす私を嫌がって、いつの間にか誰もつきあわなくなった。

「ただいま」

真夜中に帰宅して玄関のドアを明けると、イライラした様子で妻の時子が出てきた。

「今、何時だと思っているのよ！　毎日毎日、飲み歩いてばかりで」

私の顔を、まるで汚いゴミのように見ている。

「いいわよね、あなたは。家や子どものことは私任せ。私だって、明日も朝から仕事だっていうのに、こんな時間に帰ってこられたらいい迷惑よ」

私は小さくため息をついた。夫婦なのにそりゃないいんじゃないか、昔ならそう反論しただろうが、今はそれを言う気力さえもない。

「お父さん、おかえりなさい」

娘の恵だった。もう中学3年生だというのに、まだ幼い面影が残っている。

「恵、まだ起きていたのか」

「うん、もうすぐ期末テストだから勉強していたの」

恵は自慢の娘だった。成績もよく、学校の先生からも志望校は大丈夫だろうとお墨付きをもらっている。時子が、顔をしかめながら口を開いた。

「勉強しないとお父さんのように怠け者になっちゃうわよ。結局、会社でも家でもお荷物じゃないの。本当に、こんな人と結婚しなけりゃよかったわ」

言葉を発する気力もなく、背中を丸めて自室の扉を開けた。


土日も外出せずに、朝からウイスキーを飲むようになった。瓶の半分くらいを一気に飲んで、朦朧《もうろう》とした意識のまま過ごすことが多くなった。時子は、そんな私に対して更に嫌悪感を増しているようで、最近は口もきいてくれない。恵に、「お父さん大丈夫?」と言葉をかけられても、「ほっとけ、こっちくるな!」と怒鳴って自分の部屋に戻ってまたウイスキーをあおった。

会社でお荷物になっている自分、妻からも相手にされなくなっている自分、子どもにみっともない姿を見せている自分。本当に情けなくて嫌になった。こんな状況なら死んだほうがましだ、もう生きる意味なんてないんじゃないか。死を考えたが、妻と子どもを残すことを考えると、死ぬこともできなかった。

心療内科にも行ったが、担当の医師は淡々と鬱病と診断し、薬を出しただけだった。数日間は医師の言う通りに飲んだが、薬が切れると猛烈な自己嫌悪感が襲ってきた。薬なんか飲んでも治るわけがない、そう判断した私は薬を口にしなくなった。

希望

どうしても治したい、なんとかしたい、その一心でさまざまなことを試したが、まったく効果がなかった。鬱病を克服した人の本を読んでもまったく現実感が湧かなかった。

だから、友だちに誘われたセミナーに行ったときにもまったく身が入らず、結局、何の収穫もなかった、そう思って帰ろうとしたときに、講師の男性から声をかけられた。

「失礼ですが、浮かない顔ですね。何か悩み事でもあるのではないですか?」

普通だったら適当にごまかすところだったが、何かひっかかるものを感じて話をしてみた。

渡された名刺には、『メンタルサイエンスカウンセラー　佐藤康行』と書いてあった。

私は、佐藤氏に聞かれるままに、ぽつぽつと今の状況を話した。最後まで黙って話を聞いた後、佐藤氏は口を開いた。

「人生で起きる出来事で、不条理なことなどひとつもないのです。すぐには理解できないかもしれませんが、あなたの今の状況は、実は『完璧』なんです」

意味が分からなかった。あんな簡単な仕事もできない自分が『完璧』だと……？　何を言っているのだ。

「あなたが『真我』、つまり本当の自分に目覚めれば、現在・過去・未来すべてが変わります。今の状況は、あなたが『真我』に目覚め、天命を知るために起こっているのです。『真我』に目覚めたら、何もかもが自動的に天から動かされている状況になるでしょう」

「では、どうすればいいのですか？」

「簡単ですが、最も効果がある方法をお教えしましょう」

佐藤氏は、一枚の紙を取り出した。それには「完璧　愛ポスト」というタイトルがついていた。

「ここにやり方が書いてあります。いつでもどこでもいいので、この通りにやってみてください。続けることで意識の次元があがり、『完璧』に気づいていくことでしょう」

私は、そのやり方を読んでみたが、それだけで、現実が変わるんだろうかという疑問が湧く。

「どうです、できますか?」

私は、何も言わずに頷いた。もう、藁《わら》にもすがるような思いだった。

「では、さっそく、この場で試してみましょう。心に残っている過去の『出来事』、解消したい『感情』は何かありますか?」

「はい、会社で仕事が手につかなくなり鬱病になったことです」

「では、それを書いてください。そして、心の中で『完璧』を繰り返してください」

言われるままに私は心の中で繰り返した。最初、いろいろな考えが頭をよぎったが、5分ほど繰り返していると不思議と心が落ち着いてきた。さらに続けていると、カチリと心の鍵が開いた……。

「そうか、分かりました。私が鬱病になったのは、自分のプライドが原因だったんですね。自分が会社を支えているというような傲慢な気持ちで会社や上司を批判したり、上から目線で仕事のできない人を馬鹿にしていた……。人を攻めた刃で、自分も攻めていたんですね」

「そうです。すべてあなたが作り出した『原因と結果の完璧』なんです」

「でも、どうすればいいのか、解決策が分かりません」

「では、さらに心の中で『完璧』を繰り返してみてください。何か解決策が現れるかもしれません」


さらに繰り返した。苦悩しながらもしばらく続けていると、突然、涙が出てきた。

「今、昨年に亡くなった父から言われたことを思い出しました。まだ学生の頃、バイクで交通事故に遭ったとき、血相を変えて駆けつけた父に言われたんです。『命を馬鹿にするんじゃない！』って。父に申し訳ない思いでいっぱいです。私は自暴自棄になって自分の命を粗末に扱っていたんですね。早く鬱病から抜け出して、もっとこの命を大切にしなくてはいけませんね」

「じゃあ、どうしますか？」

「プライドより命のほうが大事です。虚栄心、名誉、昇進、お金、そんなもの必要ありません。命さえあれば何とでもできます。だから明日、正直に会社で上司に話します」

「すばらしいですね。その『申し訳ない』という気持ち、それは本当の自分に対して謝っているんです。本当の自分とは、真我、神、心の奥にある愛そのものの存在です。それが本当の自分の姿なのに、それに蓋をしてダメな自分ばかり見ていた。でも今、あなたの中にある無限の愛に呼び覚まされたわけです。明日、きっと素晴らしいことが起こりますよ」

私は何度もお礼を言って、別れを告げた。

「完璧　愛ポスト」

〜取り越し苦労、持ち越し苦労、妄想、悩み、心配、不安、恐怖がその場から消えていく魔法のポスト〜

1．心に残っている過去の「出来事」、解消したい「感情」を記入しましょう。
2．「完璧、完璧、完璧」と唱え続けましょう。（結論が先、すべてが完璧）
3．「これで良かった」と思える理由を記入しましょう。なかなかそう思えなくても、まずは筆を走らせましょう。（いくつ記入してもOKです）
4．「愛の行動リスト」は、その出来事が良くなるということよりも、周囲や人生全般にとっての「明るい未来」を具体的に書きましょう。
5．「完璧、完璧、完璧」と唱え続けましょう。

このリストは、どこから記入して頂いてもOKです。また繰り返し記入する事で、あなたの意識の次元が高くなる効果が生まれます。

出来事や感情	これでよかった （過去を全肯定）	愛の行動リスト （未来に道をつける）	優先 順位
会社で仕事がまったく手につかなくなり、うつ病になった	・自分の虚栄心やプライドに気づいた ・会社の同僚や上司を責めている自分に気づいた ・父と母が授けてくれた命こそが大切だと気づいた	・家族や両親に恩返しできるような自分になるために、何が何でもうつ病を克服する ・会社でうつ病であることを、上司に相談する	1 2

※注意点

① 自分に他人にも完璧を求めない。なぜならば、すでに、全ての人が『完璧』であるから。

② 「完璧」を唱えることで苦しくなったら、「これでよかった」を唱える。

仕事は愛

その晩、布団に入るとまた不安になった。もしかして、会社を辞めさせられるかもしれない、そう思うと鼓動が速くなり、頭がクラクラしてきた。そしたら妻は、娘は、どうなるんだ……。

そこで、また心の中で『完璧』を唱えてみた。

「土木作業員があるじゃないか」

ふと、言葉が口をついて出てきた。会社を辞めても、土木作業員の仕事で朝5時に起きて毎日1万円稼げば、今とそんなに変わらない給料を稼げる。それなら、家族も大丈夫だろう。命があればなんとかなる。貧しくてもいいから、愚直でもいいから、とにかく生き抜こう。そう思ったら、また涙が出た。

翌日、いつもより1時間も早く会社に到着した。予想通り、早起きで有名な総務部長がすでにパソコンに向かっていた。

「部長、おはようございます。ちょっとお話があるんですが、少しお時間をいただけないでしょうか?」

「おお、今日は珍しく早い出社だな。じゃあ、ちょっと会議室にでもいこうか」

部長は、すぐに席を立ってくれた。


私は、今の状況をありのままに話した。病院で鬱病と診断されたこと、会社で8時間座っているのも辛いこと、同僚に白い目で見られていること、家族のこと……。そして最後に、鬱病を克服したくていろいろと試していること。


部長は、私がすべて話し終えるのを待って、ゆっくり話し始めた。

「よく話をしてくれた。ものすごく勇気がいることだと思う。実は、私も心を病んで、2ヶ月間くらい会社を抜け出して遊びほうけていた時期があったんだ。あのときは辛くてね、何度も会社を辞めようと思った。でも、当時の上司がいい人でね。見捨てずに、根気強く励ましてくれたお陰で、今、ここにいられるんだ」

信じられなかった。自分の状況とまったく同じ経験をした人間が、目の前にいる。鬱病に苦しんでいたのは自分だけじゃない、そう思ったら涙が出てきて、言葉につまった。

「今は、いくらがんばって仕事したって手につかないんだから、自分が抱えている仕事を他のメンバーに頼んで、ゆっくり鬱病を治してくれ。ただ、絶対に会社を辞めるなんて言わないでくれよ。お前の仕事ぶりや人間性は、営業の頃から目をかけていたんだ。だから、特別に会社にかけあって総務部にきてもらったんだからな」

私は、とうとうこらえきれずに声を出して泣き始めた。申し訳ないという気持ちと、嬉しい気持ちとで、何度も何度も頭を下げることしかできなかった。

翌日、総務部長は部下を全員集めた。私は同僚に話すのは恥ずかしかったが、もうここまで来たらと腹をくくって洗いざらい話した。話が終わると、いつも白い目で見ていた同僚が、正面から向き合い、

「矢口さん、そんなに辛かったんですか。すみません、僕、全然気づいてあげられませんでした。矢口さんの仕事は、僕らが全部やるのでしっかり鬱病を治してください」

と言ってくれた。彼の優しさが信じられなかった。大粒の涙がポロリと目から流れ落ちた。

「ありがとう、ありがとう、ありがとう。この恩は必ず、どこかで挽回して返すから。本当にありがとう」

「いいんです、そのかわり一日でも早く治って帰ってきてください！」

生きる喜び

その後、私は鬱病を克服して保険労務部に復帰した。産業医と連携を取りながら、社員の悩みに耳を傾け、働きやすい環境づくりをする仕事だった。鬱病の経験を活かして、親身になって一人ひとりに対応した。

毎週のように、心を病んだ社員がやってくる。若い社員も、定年退職前の社員も、男性も、女性もいた。私は、最初の面談をするときはいつもこう話し始めた。

「今、すごくお辛い気持ちでいっぱいだと思います。でも、私も以前鬱病になって、それを克服した人間です。今は光が見えないかもしれませんが、本気でやれば絶対に鬱病は克服できます。私がその生きた証です。だから、一緒にがんばって乗り越えて行きましょう」

私は、鬱病になってよかったと思う。お陰で苦しんでいる人の気持ちが理解できるようになったからだ。仕事に不満ばかり言う人、ミスばかりする人、上司とウマが合わない人。彼らが、どうしたらそこから抜け出せるかを考えるために、自分の経験を活かせているのだ。私は今、自分の仕事に誇りを持って取り組んでいる。

解説編

――なぜ、彼は鬱病になったのでしょう？

鬱病というのは、ちょっとしたきっかけで自分を責めることから始まります。「自分はダメな奴だ」「自分はなんて情けない人間だ」と、自分を攻撃して、苦しくなって周りが見えなくなります。さらに、自分を責める心を外に向けると、人を責める心になります。

矢に例えるなら、矢を自分に向けると自分が傷つく。相手に向けると相手を傷つける。相手を傷つけると相手から仕返しがきます。すると、「自分はなんてダメな人間なんだ」と、また自分を責めることになります。相手を責めても自分を責めても苦しくなって、逃げられなくなります。何年間も鬱病から脱却できないのは、自分を責めたり人を責めたりを繰り返しているからです。これは、普通の心では克服できません。

――鬱病は、治るのでしょうか？

鬱は治ると断言します。鬱病は心の病ですので、心のことが理解できたら、鬱病を完全に克服することができます。

そのためには、責める心の奥にある本当の自分、愛そのものの自分『真我』を開くことです。『真我』とは、真（まこと）の我（われ）と書きます。その本当の自分、『真我』に目覚めれば、この世のあらゆる問題が解決していきます。過去、ご縁があり、『真我』に目覚めることによって鬱病を克服された方は100名以上になります。

『真我』を開くと、愛の心が溢れ出してきます。その愛の心の一番の恩恵を受けるのは自分です。さらに愛と感謝の心を、身近な人たち、妻や夫、両親や子ども、職場の人たちに与えるようになります。すると「神鏡の法則」で、周りの人もあなたに優しくなり、環境が一変します。その変わった環境でまた自分が嬉しく、幸せな気持ちになっていくという好循環ができます。それによって、鬱は克服されるのです。

――矢口さんはプライドが邪魔をしていたと話していますが、プライドは邪魔なものなのでしょうか？

プライドとは、日本語に直すと「自尊心」自分を尊敬する心です。

プライドは自分のどこを尊敬するのかによって異なります。心の三層構造で、心は「観念（知識）」「カルマ（業）」「真我」の３つからなるとお話しました。頭の知識を尊敬するのか、カルマを尊敬するのか、真我を尊敬するのかで違うのです。

彼の言うプライドとは、知識やカルマの部分に対するものでした。だからそのプライドは崩れ、消えていくほうがいいのです。なぜならば、消えることによって本当の自分に気づくからです。

例えばあなたの目の前に、30センチ四方のトレイがあって、ダイヤモンドと石ころがそれぞれ数十個乗っていたとしましょう。ただし、このダイヤモンドの半分は本物と見分けがつかない偽物、イミテーションです。さあ、好きなものをひとつ選んでください。

この時、トレイにある三種類の内、あなたにとって一番厄介なものはなんでしょう?

石ころは、見てすぐに価値がなさそうなことが分かりますね。厄介なのは、間違いなく「イミテーション」です。一見、本物に見え、見分けるのが難しいからです。

この話は、「心の三層構造」に対応しています。「本物のダイヤモンド」は、もちろん真我です。そして、「石ころ」はカルマ(業)です。カルマの中には、恨み、憎しみなんていう心もあります。愛そのものの心ではないことは明白ですよね。そして、イミテーションのダイヤモンドが、知識(観念)です。「頭」つまり「知識(観念)」で学んだお金や学歴は、一見、本物のダイヤモンドに見えるのです。しかし、それには価値はありません。

『完璧』を唱えていくと、本物のダイヤモンドである真我に気づき、カルマが消えます。眠りの中で夢を見ているとしましょう。夢から覚めると、パッと夢の現実は消えます。それと同じで、夢から覚めていくことが真我に目覚めていくことです。目が覚めると夢が消える。偽のダイヤモンドが消えると、本物のダイヤモンドが現れるのです。

――矢口さんは、なぜそれに気づいたのでしょう？

『真我』が開いたからです。矢口さんが、泣きながら「申し訳ない」と謝った瞬間に真我が開いたのです。あの瞬間に、お父さんの姿を借りて、彼の中にある無限の愛が呼び覚まされたわけです。

彼の「申し訳ない」という気持ちは、本当の自分に対して謝っていたのです。本当の自分とは、神、心の奥にある愛そのものの存在です。彼は、本物のダイヤモンドを見ずに、偽物のダイヤモンドや石ころばかり見ていたのです。しかし、『完璧』を唱えることによって、本物のダイヤモンドを発見したのです。

だからあの後、「自分は鬱です」と言葉に出して行動した瞬間に、会社内で協力者が現れ、鬱を克服していくというように現実が変わっていったのです。


――その後、鬱の人をサポートする仕事に就くようになったのは、なぜでしょう？


それはまさに天の仕事、『宇宙の完璧』です。

彼は、ゴミと思っていた自分を完全に黄金に変えました。彼の意識の次元が上がり、鬱が克服できると身をもって証明する存在になったから、結果としてそういう仕事が与えられたのでしょう。

私は、鬱病を経験した人だからこそ100％、人のためになれるのだと思います。すべての鬱病の人が鬱を克服したら、日本は本当に素晴らしい国になります。

日本中が真我に目覚めることによって、日本の経済は繁栄し、少子化も解消され、あらゆる面で世界のリーダーになる。解決策は自分の中にあると信じて、鬱病の人にこそ『完璧』な自分を取り戻していただきたいのです。

例えば、北朝鮮の拉致被害者である横田恵さんのご家族は、なぜマスコミを動かし、総理大臣を動かし、国連をも動かすことができたのでしょうか。それは実体験者だからです。実体験をもつ人が、愛の力、娘を愛する心で動いたから、世界が動いたのです。

鬱病になった人は実体験者であり、その人が本当の真我、愛に目覚めれば世界を変える可能性があるんです。苦しんでいる人こそ、世界を救う人なのです。自分が経験したから、苦しんでいる人の気持ちが分かるし、その人たちを救えるのは自分だと思えるようになり、どんどん世界を変えていけるのです。

心の3層構造を、それぞれ「イミテーション」・「石ころ」・「ダイヤモンド」に譬えることができる。イミテーションとは愛や感謝、プラス思考を知識として学ぶこと。石ころとは、世間で言う本音であり、人を恨んだり憎んだりする心を含んだ業のこと。本音の奥にある本音であり、愛や感謝、プラスの発想しか出てこない心のこと。真我。

心の構造

宇宙の営業

内　示

ある晴れた気持ちのよい朝だった。いつもならば、ガミガミと文句をいう妻も今朝はのんびりしているし、寝坊する娘と息子も時間通りに起きて支度を調えている。日常の静かな時が流れる朝、そんな言葉がぴったりな一日の始まりだった。

私は、都心から電車で1時間ほどの郊外にある一軒家に、家族と住んでいた。妻の香織は専業主婦、長女の真由美は小学校3年生、長男の慶一は小学校に入学したばかりだ。

「じゃあ、行ってくる」

いつも通り玄関の戸を開けた。まぶしい光に目を細める。2月初旬の空気はまだ冷たくて、ぶるっと身体をふるわせた。

「おはよう」

いつもよりも30分ほど早く到着したので、六本木のオフィスは人がまばらだったが、隣の席の市川はすでに、パソコンでメールをチェックしていた。元ラガーマンの彼が、そっと私に寄ってきて、渋い顔で話かけた。

「今年の人事異動はかなり動くらしいぞ」

嫌なことを言うなと思いながら答えた。

「誰がどう動くか分からないから恐ろしいよな。おととし、1年だけという約束で青森に転勤した太田さんはまだ帰ってこないし……。会社の都合で動かされるのは、たまったもんじゃないよ」

私は、今年で48歳、都内の大手損害保険会社に勤めている。17年間、損保のシステムエンジニアとして勤務した後、営業に異動して6年目、今は法人営業が専門で、大手映画会社や銀行などを担当している。今の会社は給料もよく、このまま数年すれば家のローンも返し終わるし、そうしたら妻にもっと楽な生活をさせてやれるだろうと考えていた。

「田沼、話があるから会議室に来てくれないか」

突然、部長に呼ばれた。なんとなく硬い表情をしている。

「はい、すぐ行きます」

会議室で、向かい合って座った。しばらく沈黙が続いたあとに、部長が言いにくそうに口を開いた。

「実は、異動の話でね。田沼、4月1日付けで青森支店に行ってくれ」

「えっ、そんな突然……」

驚いて言葉に詰まった。

「今回はただの異動だが、1年我慢してくれれば青森営業所長の席を準備するつもりだ。つまり栄転だよ。向こうのクライアントのほとんどを君に任せることになる。会社としては、君の法人営業の手腕を買っての話だ」

「ちょっと待ってください。僕は、埼玉に家を買ってあるんです。しかも、まだ下の子どもが小学校に入ったばかり。もし行くとしたら、単身赴任になるかもしれません」

「家族のことは君次第だ。ただ、会社としては、よっぽどの理由がないと単身赴任は認められない。だから向こうで部屋を借りるとしても、会社からは単身赴任手当は出ない規定になっている。そこも考えて家族と話し合ってほしい。2ヶ月しかないが、皆、乗り越えてきている。頑張って準備を整えてくれ。それと、君がもっているクライアントの引き継ぎがあるから、資料をまとめておいてくれ」

部長はきっぱりした口調で話をしたが、最後には目を離した。やはり気の毒だと思っているのだろう。これが夢ならどれだけいいだろう、そう考えながら暗い気持ちで会議室を後にした。

決断

「ただいま」

玄関を開けると、台所から温かい食事の香りが漂ってきた。

「あら、今日は早かったわね。夕飯はあなたの好きな肉じゃがよ。楽しみにしていてね」

香織は、機嫌がよかった。

「ちょっと、話があるんだ」

「なあに？　今、食事の準備をしているんだけど、後じゃダメかしら？」

「大切な話なんだ」

「いいわよ、会社で何かあったの？」

「実は、異動の話が出てね。4月1日付けで青森に転勤しろというんだ」

「えっ、そんないきなり……」

「しかも単身赴任手当は出ないから、俺だけ行く場合は向こうの生活費や、東京に帰って来る旅費がかなりかかるだろう。2年目から青森営業所長に昇進するから給料は増えると思うが、1年目は金のやりくりで大変になりそうだ」

「子どもたちがやっと小学校に入ったばかりで、しかも家まで買ったのよ。今の生活を全部捨てて、私たちが青森に行くなんて無理よ」

「俺だって行きたくないよ。せっかく生活が充実してきたっていうのに、全部を投げ出して東京から出るなんて」

「どうにかできないの?」

「会社の命令は絶対だからな。いやだったら辞めるしかないよ……」

沈黙が続いた。いやな沈黙だった。妻の香織が、それを破った。

「転職できないかしら。あなた、別の会社でやり直すことってできないの?」

私は目を見開いた。実は、私も同じことを考えていたのだ。

「ひとつ、あてはある。知り合いの保険代理店の社長が、何かあったらいつでも面倒をみてやると前から言ってくれていているんだ」

「どういうところ？」

「５人の小さい会社だが、社内の体制もしっかりしていて信頼できると思う。給料がどれくらいかは交渉次第だが、まずは話を聞いてくれるはずだよ。ただ、一流企業ではなくなる。俺はそれでいいが、君のお父さんが何というか……」

「反対するでしょうね。でも、青森に行くことを考えれば、納得してくれると思うわ」

「お母さん、ご飯まだ？」

娘の真由美が２階の子ども部屋から降りてきた。

「はいはい、今すぐ準備しますからね。今日は珍しくお父さんも一緒よ。皆で食べましょう」

「真由美、ちゃんと勉強していたか？」

「うん、もう宿題終わったよ。算数でかけ算の宿題が出ていたんだけど、全部できたよ」

「そうか、偉いな。じゃあ、今日はお父さんと一緒にテレビゲームでもやろうか」

私は、心の中でこの家族の生活を守ろうと誓っていた。

「ええ、いいわよ。田沼さんは即戦力だから、いつでも来てください」

私は、さっそく翌日に、いつも世話になっている保険会社の社長、三坂に相談した。彼女とは5年来のつきあいで、私の営業センスを高く評価してくれていた。その場で4月1日から営業として入社することに決まった。契約は、基本給と、業績に応じてインセンティブとしてボーナスが支払われるという条件だった。保険の契約を取れば取るほど、収入は増える。私にとっては、新しいチャレンジだった。

それからは慌ただしかった。辞職届けを提出したときには、部長は苦虫をかみ潰したような顔をしていたが、私はそんなことには構っていられず、新しい仕事に大きな期待を膨らませていたのだった。

背水の陣

「いったい、これはどういうことですか?!」

私にしては珍しく大きな声を張り上げた。転職して初めての、12月のボーナスが出なかったのだ。保険の契約数に応じて支払われるはずのインセンティブが、まったく反映されなかったのだ。たまらなくなって、三坂に詰め寄った。

「約束したじゃないですか」

「そんな約束した覚えはないわ」

「でも、契約書にちゃんとサインしているじゃないですか。しかも、私はこの9ヶ月でこれだけの契約を取ったんですよ」

「そんなに、お金お金と言うんなら、フルコミッションの営業の世界に行けばいいのよ、行けるもんなら」


期待して入った三坂保険会社は、実態はひどいありさまだった。三坂とクライアント先に行くと、法人営業に明るい私がどうしても会話の中心になる。すると彼女が、あからさまに嫌な顔をするのだ。それだけならばいい、会社に帰ってから細々とした書類の書き方や、ダイレクトメールの書き方などについて、重箱の隅をつつくような指摘ばかりしてくる。それでも、ボーナスが払われるならばまだいいだろう。しかし、どれだけ頑張っても一切給料には反映されなくなったのだ。

こんな会社、辞めてやる、悔しい。そんな思いが駆け抜けた。

それからは、まったくやる気が出なかった。どれだけ働いても給料が増えないならば、できるだけ楽をしてすごそう。こんな会社のために自分の時間を使うのはもったいない。そう思って、勤務時間内に映画を観に行ったり、喫茶店でマンガを読んだりしてさぼることが増えた。腐ったような毎日。こんな日々でいいのだろうか、そう感じる暗黒の日々だった。


私は、改めて転職活動を始めた。ただ、すでに49歳の私に選択肢はなかった。社会の波は厳しく、どこの企業でも年齢ではじかれる。もう、どこでもいいから採用して欲しい。祈るような気持の中、前の会社の後輩が、ある外資系の保険会社を紹介してくれた。その会社は、フルコミッション、つまり完全に成績に応じた給料が支払われる契約である。

「精一杯、働きます」

熱意が通じて、すぐに採用が決まった。ありがたかった。これでさらに、自分の実力が試されるステージへと歩むことになったのだ。

転機

「また、今月も1件か……」

新しい会社に入社してから半年間、まったく契約が取れない。どれだけ足を棒にして動き回っても、いくらプレゼンテーションしても、月に1、2件しか契約を取れないのだ。給料の額面が、東京都の最低保証給になることも珍しくなかった。この3ヶ月の平均収入が18万円。家計は常に赤字だった。給与明細を見るたびに情けなくて、妻に申し訳ない思いでいっぱいになった。

この状況を打開するため、あらゆる種類のビジネス書や自己啓発書を読みあさった。近くの図書館に通い、関連すると思うものは片っ端から借り、寝る暇も惜しんで隅から隅まで読んだ。

そんなある日、図書館の新着棚で足を止めた。

「トップセールスのＤＮＡ?」

手に取ってみると、岡田基良という人が書いたセールス関係の書だった。その本を片手に、奥にあるコーヒーが飲める休憩所に入った。

その本の書き出しから驚かされた。そこには、私が今まで学んできた営業やマーケティング、成功哲学とはまったく違う内容が書いてあったからだ。ここに、何か自分が求めている答えがあるような気がする、何か自分が気づくべきことがあるような気がする。そんな直感で、本の世界に没頭していた。


「あっ、すみません」

隣に座った男性が、立った拍子に私のテーブルのコーヒーをこぼした。

「大変申し訳ありません、服は汚れていませんか？」

「大丈夫です。私も、机の端にカップを置いていたので」

一見、小柄なふつうの男性だった。

「おや、その本は私の知り合いが書いたものですよ。ほお、営業について学んでいるんですね。ああ、私はこういうものです」

男性は名刺を差し出した。真っ白い用紙に『メンタルサイエンスカウンセラー　佐藤康行』と書いてあった。

「その本はいかがですか?」

「すごく衝撃的でした。営業という仕事をする上で、自分の心を見つめることの大切さに気づきました。でも、まだいったい自分がどうしたらいいのかが分かりません」

「せっかくですから、ご相談にのりますよ。私は長年、人の意識について研究しているので何かアドバイスができるかもしれません」

私は、佐藤という男性に聞かれるままに、ぽつぽつと今の状況を話し出した。最後まで黙って話を聞いた後、佐藤氏は口を開いた。

「信じられないかもしれませんが、あなたが経験していることはすべて『完璧』なんです。あなたが直面している現実を変えるためには、心の世界のことを知る必要があります」

「どうすればいいのでしょうか?」

「簡単で、最も効果がある方法をお教えしましょう」

佐藤氏は鞄から一枚の紙をとり出した。そこには、「完璧　愛ポスト」と書かれていた。

「ここに、やり方が書いてあります。いつでも、どこでもいいので、この通りにやってみてください。続けることで、意識の次元があがり、『完璧』に気づいていくことでしょう」

私は、じっと表を見つめた。これ一枚で、人生が変わるというのだろうか?

「それだけで、よいのでしょうか？」

「はい、しばらくたったら劇的な変化が実感できるようになるでしょう。何かあったらまたご連絡ください。いつでもアドバイスしますよ」

それだけで、何が変わるんだろうという疑問が湧いた。

「どうです、できますか？」

私は、何も言わずに頷いた。変わるのだったら何でもしよう、素直にそう思った。

光

翌朝、私は、出勤前に会社近くのカフェに入って「完璧　愛ポスト」をとり出した。まずは言われた通りやってみよう。書き始めたものの、いったい何を書いたらいいのかまったく思いつかない。

やはりその日も一件も契約が取れず、がっかりして家路についた。

そのまま帰宅する気になれずに、家の近所の公園でひとり、ぽつんとブランコに乗っていた。涙が出そうだった。情けない自分、ふがいない自分、家族を養うこともできない自分……。自分を責める気持ちが、後から後から湧き上がってきた。なんとかこの自分を変えたい、そう思いながら、いつの間にか口をついていた言葉。

「完璧、完璧、完璧……」

どんどん涙が出てきて、止まらなくなった。


そして、カチリと何かが切り替わったような感じがした。

「そうか、こんな情けない自分じゃ売れる物も売れないよな。結局、売れる奴と自分では同じスーツを着ても中身が違う、人間が違うんだ。自分が変わらないと、結果は変わるわけない。今の状況は、自分が変わらなきゃいけないというのを教えてくれているんだ」

不思議な感覚だった。胸に一陣のさわやかな風が通るような感覚だった。


さらに続けた。

「完璧、完璧、完璧……」

意識がぼうっとしてきた。遠くに遠くに飛んでいくような感じ。何かに導かれるように自分の内面を感じていた。

「ああ、そうか。自分の説明が足りないんだ。相手に分かってもらえないのは自分の努力や知識が足りないんだ。俺は、契約書にサインしないお客さんに対して『なんで分かってくれないんだろう、馬鹿じゃないか。俺は馬鹿には売らない！』って思っていた。なんて傲慢な奴なんだ……」

会社を責めていた自分、クライアントを責めていた自分、家族を責めていた自分。自分の現状が、突然見えてきた。

佐藤氏に電話しよう。携帯電話を取り出して名刺の番号にかけた。

数回呼び出し音が鳴った後、聞き覚えのある声がした。

「はい、佐藤です。田沼さんですね。何かありましたか？」

「『完璧』を唱えて、自分の傲慢さにやっと気づきました。会社や家族、クライアントを責めて自分の傲慢さをまったく反省していませんでした。今は、それに気づかせてくれた皆に、本当に感謝の気持ちでいっぱいです」

「それは気づいてよかったですね。原因が分かれば結果が変わります。あなたの存在が変わったことによって、引き寄せる現実が必ず変わってくるのです。さらに、あなたのご両親に対して『完璧』を唱えてみてください。きっと大きな気づきがきますよ」

「はい、さっそく今夜にでもやってみます。今日は、家族に感謝を伝えようと思います」

その日の夕食は素晴らしかった。ありがたい気持ちが後から後から湧いてきて、もっと子どものため妻のために努力しようと素直に感じられた。

その晩、ベッドに入って、今度は両親のことを思いながら心の中で『完璧』を繰り返した。

「完璧、完璧、完璧……」

最初は、大学時代に喧嘩をしたことを思い出した。自分のやりたいことに反対した父親、泣いていた母親……。さらに続けていくと、幼い頃の思い出が次々と飛び出してきた。

いつの間にか、静かに泣いていた。ただただ、両親の愛情のありがたさが感じられた。父と母が出会って愛を育んだことで、今の自分があるということに感動していたのだ。両親、そしてご先祖様、その一人ひとりの輪が今に繋がって自分がここにいる、この奇跡に感動したのだ。自分が思っていた以上に、多くの人に愛されて今ここに存在しているのが、はっきりと感じられた。

今まで、こんなふうに考えたことなど一度もなかった。ただ、『完璧』という言葉を唱えただけでこれだけの変化があるのが不思議だったが、本当に効果があることが分かった。

また、明日にでも佐藤氏にお礼の電話をしようと思って、その夜は眠りについた。

輝き

翌日、私は気持ちよく会社に出社した。周りの景色が明るく感じられ、挨拶する声にも張りが出ていた。キーボードを打つ手も軽く、仕事もはかどり、誰と会っても楽しく話をすることができた。

その日の午後、他のメンバーはすべて外出しており、オフィスには私ひとりが残っていた。すると、

「プルプルプルプルプル……」

電話が鳴った。

「はい、日本ライフ生命保険株式会社　代々木支店です」

「私、スーパーバイザー出版の代表で、大川内と申します。突然で申し訳ないのですが、保険の相談がありまして……」

聞いてみると、事業についての保険の話だった。

「私、田沼と申しますが、もしお時間があるようでしたら、今から御社にお伺いしてご説明致しましょうか?」

「それは、ありがたいです。ぜひ、お越し下さい」

その2時間後、私は、なんと1500万円の契約書を手にしていた。こんなことが起こるなんて、自分でも信じられなかった。昨日まであんなに契約が取れなくて苦しんでいたのに、翌日にこんなことが起こるなんて。

変化は、その日だけではなかった。その月には30件以上の契約が取れたのだ。同僚や上司は、いったい何が起こったのか知りたがった。無理もない、いきなり私はトップセールスマンに変身したのだから。

私は、久しぶりに佐藤氏に電話をした。

「本当にありがとうございます。あんなに売れなくて困っていた自分が、今では信じられません」

「よかったですね。これからもっと素晴らしいことが起こりますよ」

「不思議なんです。僕しか社内にいないときに、突然、新規のお客様から電話がかかってくるんです。それで、契約が取れたことが5件続きました。僕以外の同僚には、そんなことは起こっていないので本当に不思議です」

「それは、あなたの存在が変わったからです。神の『完璧』の前では、時間も空間も超えてしまうので、あなたの意識が変わったことが外の世界に変化を起こしているんです。あなたが変わることによって、あなたの周りのご家族や会社にも変化が出てくるでしょう。そのためにも、毎日『完璧』を唱えてください」

「はい、これからも毎日、謙虚な気持ちで続けていきます」

佐藤氏と電話で話をした翌週の月曜日、いつものように出社し、パソコンを起動していると、隣の席の齊藤が声をかけてきた。

「田沼さん、短い間でしたがお世話になりました。僕、今月付けで会社を辞めることになったんです」

「えっ、突然どうしたんだ？」

「田舎の両親の具合がわるくて、実家に帰ることになりまして……」

齊藤は、社内では問題児的な存在で、仕事中に映画館に行ったりマンガ喫茶に行っていたのが上司にバレて、以前からキツく注意を受けていた同僚だった。私も、何度も会社の備品を持ち帰っている彼の姿を目撃していた。

「実は、僕といっしょに前田さんと工藤さんも辞めることになったんです」

「えっ、彼らも……」

他の二人も、いつも様々な問題をおこしており、何度もお客様から強引な営業をうけたという苦情の電話がかかってきていた。私にとっては三人とも、一緒に仕事がやりにくい人間だった。そんな彼らが一度に辞めたことが衝撃的だった。

確かに、佐藤氏が「家族や会社にも変化が出る」と話していたが、その影響なのだろうか。

その晩、佐藤氏に電話をしてみることにした。

「そうです、あなたのエネルギーが変わったから周りが入れ変わったのですよ。あなたが『完璧』を受け入れること、つまりアセンションしていくことが周りに変化を起こしていくのです」

「それは、家族にも当てはまるのでしょうか？」

「あらゆるものに影響が現れるので、当然家族にもあるでしょう。だからこそ、奥さんや娘さんたちにも『完璧』を唱えていくことをおすすめします。それによってさらに変化のスピードが加速していきますから」

最終的に、その年、私は、通年の営業成績は社内でトップ5に入り、前年比の20倍になっていた。そして、3月末に世界中のトップセールスマンが集まるアメリカへの報償旅行にも参加できたのだ。世界中のすばらしいセールスマンとの交流、最新の研究成果の発表。どれをとってもすばらしい体験だった。

今では私は、自分が学んだことを伝えようと後輩の育成に取り組んでいる。自分だけでなく、チームの売上に貢献すること、そして会社をさらによくしていくことが自分の使命だと感じて――。

「完璧　愛ポスト」

～取り越し苦労、持ち越し苦労、妄想、悩み、心配、不安、恐怖がその場から消えていく魔法のポスト～

1．心に残っている過去の「出来事」、解消したい「感情」を記入しましょう。
2．「完璧、完璧、完璧」と唱え続けましょう。（結論が先、すべてが完璧）
3．「これで良かった」と思える理由を記入しましょう。なかなかそう思えなくても、まずは筆を走らせましょう。（いくつ記入してもOKです）
4．「愛の行動リスト」は、その出来事が良くなるということよりも、周囲や人生全般にとっての「明るい未来」を具体的に書きましょう。
5．「完璧、完璧、完璧」と唱え続けましょう。

このリストは、どこから記入して頂いてもOKです。また繰り返し記入する事で、あなたの意識の次元が高くなる効果が生まれます。

出来事や感情	これでよかった (過去を全肯定)	愛の行動リスト (未来に道をつける)	優先順位
まったく保険の契約をとれない	・自分の傲慢さに気づいた ・家族や両親のありがたさがわかって感謝の気持ちでいっぱいになった	・お客さんの話を丁寧に聞く ・商品のことをもっと学び、いつでも最適な説明ができるよう準備する ・家族に感謝を伝える	1 3 2

※注意点

① 自分に他人にも完璧を求めない。なぜならば、すでに、全ての人が『完璧』であるから。

② 「完璧」を唱えることで苦しくなったら、「これでよかった」を唱える。

解説編

――田沼さんは、なぜ保険の契約が取れるようになったのでしょうか？

彼が『完璧』であることに気づいたからです。それは、会う人、周りの世界、おこる出来事がすべて『完璧』だということです。

例えば、人は何らかのエネルギー体を身にまとっているとしましょう。普通、営業マンは「自分のため」に契約を取りたいと考えています。売上が足りない、お金が足りないと不完全から動く人は、「自分のためにお金を出してくれ」「契約をよこせ」というエネルギー体を身にまとっています。そんな人から、何か買いたいと思いますか？　つい、身構えてしまうでしょう。

逆に、同じ営業マンでも「あなたは完璧」「あなたのために役に立ちたい」というエネルギー体を身にまとっているとしたら、どうでしょう？　自然と「私のために来てくれた」と感じて、好感を持たれることになります。

もし、前者の「自分のために」という『不完全』のエネルギー体が赤色、後者の「あなたのために」という『完璧』のエネルギー体が青色だとしましょう。赤色の人はどこに行っても、何を考えても、何を見ても、誰と話しても、すべてを赤色に感じることになります。だから結果も真っ赤になります。

田沼さんは、『完璧』を唱えることによって、「自分のために」という赤色だったエネルギー体が、「あなたのために」という青色に変わったから、一気に結果が変わったのです。

――彼が自分の傲慢さや、家族や両親のありがたさに気づいたことが、なぜ保険営業マンという仕事の変化に繋がったのでしょう?

過去への観点が変わったことによって、現在と未来への観点も変化したからです。彼にとって、過去とは両親との思い出の世界です。『完璧』に気づき、両親に心から感謝した瞬間、彼は現在や未来も『完璧』と感じることになります。

それからは人生すべての時間が『完璧』に変わります。営業している時間、家で過ごす時間、友だちと会っている時間、すべての時間と空間が変わるのです。

仕事はその一部に過ぎません。

——観点が変わると、営業のやり方も変わるということでしょうか？

『完璧』という前提と『不完全』という前提では、まったく別な言い方になるでしょう。彼ががんばる理由が、収入が少ない、仕事ができない、お客さんもなかなか理解してくれないというように『不完全』ですべてに向かっていくのなら、『不完全』という結果が待っています。

相手を『不完全』と思っていると、『不完全』な人に向けてのトークが出てきます。想像してみてください。あなたを『不完全』として扱う人が現れたら、どうでしょうか？「あなたはダメな人だからなんとかしてやる」「私の力で助けてやる」と言われたらどうでしょう？　正直、イラッとしますね。相手は、不安や恐怖をあおったり、お金を稼ぎたいという欲求を使って、あなたをコントロールしようとしてきます。

しかし、相手に対して『完璧』として対応するなら、保険をすすめる場合でも完璧な人にすすめるトークが出てきます。「あなたは完璧だ」「すばらしい」「何か役に立ちたい」という純粋な想いが相手を動かすのです。そして相手に「完璧だと気づく」という勇気をも与えるでしょう。

――彼とうまくいかない人が、会社を辞めたことも何か関係があるのでしょうか？

自分の意識が高くなると、周りの人が変わります。ただ、周りの人が変わるというのは、ふたつの変わり方があるのです。

ひとつは、周りの人が入れ代わるという変わり方。もうひとつは、相手も同時に変化していく、つまりアセンションしていく変わり方です。彼の場合は、前者の変わり方でしょう。彼のエネルギーが変わったので、レベルが合わない人は同じ職場にいられなくなったのです。

――なぜ、次のステップではさらに自分の成績を追求するのではなく、チームの売上を目指したのでしょうか？

人間ひとりが１００倍働くのと、１００人が働くのでは、どちらがいいでしょう？　１００倍働こうとしたら、仕事のためにすべてを犠牲にして、何のために働いているのか見失ってしまいます。それは、真我から離れた道になります。

チームのためとなると、自分だけの幸せから脱却して、他の人の成功や幸せを祈るようになります。「あの人に成績を上げてほしい」というのは、「自分が成績をあげたい」とは違います。『神鏡の法則』になるので、周りも自分の幸せを祈るようになります。

彼も、一生セールスマンでいいとは思っていませんでした。例えば、プロ野球選手を引退すると、コーチや監督という、人を育てる道に進みます。それが自然の流れです。自分が寝ていても皆が動いてくれるくらいの人格者になることで、さらに真我が開かれていくのです。

――彼がした辛い経験も、すべて『完璧』なのでしょうか？

前の会社の経験も「原因結果の完璧」の視点からすると『完璧』なんです。その経験があって、現在、そして未来の『完璧』が生まれるのです。

人生をひとつの映画だとしましょう。あなたは映画の主人公です。赤ん坊として生まれ、成長し、大人になるというように時間が経過していきます。波瀾万丈な人生の中で様々な苦しみを経験し、最後にハッピーエンド。苦しみを味わっているときには、ハッピーエンドは見えないから、どんどん妄想が浮かんできます。

では、時間の流れを逆に考えてください。主人公のあなたは、最後のハッピーエンドはもう見ています。そこからだと、若い頃の苦しみも、悲しみも「全部必要だった」と思えるでしょう。

『完璧』を唱えるということは、映画の途中で、主人公が最後のハッピーエンドを受け入れるということです。つまり『完璧』な結果（ハッピーエンド）から原因（波瀾万丈な人生）を見る視点です。普通は、原因（波瀾万丈な人生）から結果（ハッピーエンド）を見ます。でも、それではなかなか明るい未来を信じることはできないし、原因である本人が変わらないと結果を変えられなくなってしまいます。

結果から原因（波瀾万丈な人生）を見る視点を受け入れることによって、過去、現在、未来の一切が変わります。『完璧』を唱えていくということは、こういう『完璧』なあなたに気づく作業なのです。

※参考　「トップセールスのＤＮＡ―営業人生ＤＥＡＤ★ＡＬＩＶＥ」（アイシーエー出版・岡田基良）

平穏な日常の尊さ

給与明細

私は今年43歳になるシステムエンジニア、山田雅美。ある月の給与明細を見て愕然とした。ＩＴ業界の不況で８年間働き続けていた会社の仕事が激減し、給料が半分になったのだ。「これが、わたしの実力なの……?」そう思うと、何とも言えない感情が湧きおこってきた。

友人の美沙子に言わせると、「稼ぎがよくて素敵な旦那様、可愛らしい中学生の娘、ゴールデンレトリバー、鎌倉に大きな一軒家、しかも立派なお仕事があって、何が不満なの?」ということになる。主人の聡《さとし》の収入のお陰で、給料が半分になっても生活には困らない。特に大きなローンを抱えているわけでもない。だが、これが自分の働きへの対価なのかと思うと、情けなくて涙が出てきた。

私は、国立大学の文学部を卒業後、ＩＴ会社に就職した。同期の女の子たちがアパレル会社やテレビ局に就職するのを横目で見つつ、手に職をつけようと考えて、システムエンジニアになる道を選んだのだ。当時、文系の女性がＳＥになるのは珍しかったため、同期の理系出身の男性社員から奇異な目で見られたこともあった。だが、持ち前の真面目さと根気強さで着実に仕事をこなし、20代後半で大きなプロジェクトを任されるまでになった。そして30歳で、５年間つきあっていた聡と結婚し、翌年には真美という可愛い娘にも恵まれた。会社では信頼されて仕事を任され、家庭ではしっかりした妻、そして母である自分。それが自信だった。そんな人生に暗い影がさしてきたのは、去年の夏頃だった。

兆し

「えっ、契約解除？」

突然だった。長年担当してきた会社が、システムの保守契約の更新を解消したいと連絡してきたのだ。入社以来担当している会社で、今でも毎月訪問しているお客さまだった。システム担当者とも仲がよく、先月も今後導入予定のシステムについて打ち合わせをしてきたばかりだった。

「仕方ないよ、どの会社も不景気だから」

部長は力なく言ったが、私は納得できなかった。

それからだ、会社全体の歯車が狂い始めたのは。新しい案件が取れなくなっただけでなく、信頼していた得意先が潰れ、営業が債券回収に走り回るようになった。「こんなはずじゃなかった……」それは、私だけではなく、社員全員の台詞だったに違いない。

ネットワーク

気分が塞いでいる私を心配したのか、美沙子がイベントに誘ってくれた。健康についてのセミナーということだったが、美沙子も詳しくは説明してくれなかった。会場に到着すると、入り口でグレーのスーツをスマートに着こなした男性がパンフレットを渡してくれた。その表紙には『セレブだけが知っている本当のサプリメント』というタイトルが書かれていた。部屋には20名ほどの男女が集まっており、明るい雰囲気が漂っていた。どことなく違和感があったものの、前から3列目に席を取った。

「皆さん、こんにちは。リアルウィズの立花です。リアルウィズは、世界の食を変えるために、1930年代にアメリカで作られた組織です」

大学生ぐらいの晴れ晴れとした表情の男の子が壇上で話し始めた。

「ご存知でしたか？　今、スーパーに売っている野菜や果物。公式には発表されていないのですが、栄養的には30年前の半分しかミネラルやビタミンが入っていないのです」

不思議にも、彼の話に引き込まれていった。食い入るように聞き、夢中でメモを取った。

「正しい食を通して、人と人の絆と繋がりを深める新しいビジネス、それがリアルウィズです」

新しいビジネス、新しい可能性、新しい繋がり……、なんと魅惑的な言葉。

夫との喧嘩

翌月も、翌々月も給料は下がったままだった。「稼げない自分」という現実を突きつけられ、目の前が真っ暗になるような感じがした。

その反面、リアルウィズのネットワークビジネスは私を魅了した。さらに美沙子に勧められるまま、成功哲学や金融、不動産のセミナーにも参加した。中には何十万円もする高額のセミナーもあった。最初は、それまでコツコツ貯めたお金を使うことに罪悪感があったが、次第にそんな感覚も薄れていき、貪《むさぼ》るように情報を求めていったのだ。今思うと、情けない自分から逃げようとしていたのだろう。

ある日曜日、セミナーに行こうと玄関で靴を履いていると、聡が眠そうな顔で寝室から出てきた。

「週末くらいたまには、家族でゆっくり過ごしたらどうだ」

のんびりとした口調にカチンときてしまった。

「私がこんなに頑張っているのに、あなたは何もしてくれないじゃない」

カッとなって思わず言い返した。頭に血が昇ってきて、堰《せき》を切ったように言葉が飛び出してきた。

「あなたに、私の気持ちなんて分からないでしょ！」と叫ぶと、自分が抑えられなくなり、そのまま家を飛び出してしまった。


その日のセミナーは最悪だった。何かしっくりこないのだ。

「結局、自分の欲のために人にお金を出させろっていうこと……？」

心に疑問が浮かんだ。美沙子に相談しようとも思ったが、彼女もその組織の一員だと思うと、相談できない。

帰宅してからも、その疑問は頭を捉えて放さなかった。ベッドに入ると、汚い自分、欲深い自分への罪悪感がこみ上げて、涙が後から後から湧いてきた。

「消えてしまいたい……」今まで築き上げてきた家庭も仕事も、何もかも価値がないように感じ、その夜は一睡もできなかった。

相談

「もう、限界だわ」

そう感じたとき、机の上の名刺に目が止まった。

『メンタルサイエンスカウンセラー　佐藤康行』

以前、友人に誘われたセミナーで会った講師の名刺だった。

友人が名刺交換をしていたので、いっしょに名刺をもらったのだ。あの時、初対面にもかかわらず、「何かあったら相談してください」と言葉をかけてくれたことを思い出した。

無意識のうちに電話していた。佐藤さんを呼び出してもらった後、一瞬我にかえって、自分の名前を告げた。

「図々しいお願いなんですが、ご相談したいことがありまして……」

夫婦の仲が上手くいかないこと、仕事のことで悩んでいることを簡単に話した。そして、先日あった出来事も……。

最後まで静かに話を聞いた後、佐藤氏はゆっくりと口を開いた。

「それはつらい思いをされていますね」

その一言を聞いたとたん、涙があふれてきた。

「雅美さん、あなたが今、直面している状況は、実は『完璧』なのです」

「えっ、どういうことですか？」

「人生で起きる出来事は、すべて原因があって結果が存在しています。今の現実を不条理に思われるかもしれませんが、あなたの意識が高くなれば、自然と今の状況が『完璧』だと気づくことができます」

「私の悩みは、必要だから起こっていると？」

「そうです。あなたが、あなたの現実の神、創造主なのです。まずは『完璧』を受け入れることから始めるんです」

「そんなこと言われても……。受け入れるってどうしたらいいんでしょう？」

「難しいことはありません。『完璧』と心の中で繰り返していくだけです」

咄嗟《とっさ》には何も答えることができなかった。それだけで、現実が変わるんだろうか。

「どうです、できますか？」

「はい、分かりました。やってみます」

「では、やり方をメールしますのでまずは試してみてください。数日のうちに何かが起こります。そうしたら、また私に電話をください」

了解したと告げ、電話を切った。よく理解できなかったが、まずはやってみなければ分からない。

変化

その日の晩、佐藤氏からメールが届いた。

「拝啓　山田雅美様

あなたの現状は、あなた次第ですべてを変えることができます。

でも、そのためには本当の自分、愛にあふれた自分、つまり『真我』を自覚することが大切です。

添付したシートに沿って『完璧』を唱えていくことで、気づきが起こり意識の次元が上がります。

どんな時間、場所でもかまいません。ぜひ、時間をとってやってみてください。

あなたが、今後、真我を開いていくことを祈っています。


佐藤康行」


メールには「完璧　愛ポスト」というファイルが添付されていた。開いてみると、一枚の表であった。さっそくプリントアウトして、書き始めてみた。

「これでよかった」を書いたとき、胸につかえていた重い塊が、浮いたように感じた。

今まで暗い面しか見えていなかった現状。仕事や夫婦関係、ネットワークビジネス。様々なことが折り重なって、自分に必要なメッセージを与えてくれる神様からの贈り物のように感じられたのだ。

不思議だった、こんな軽い気持ちになったのは久しぶりだった。

「完璧　愛ポスト」

～取り越し苦労、持ち越し苦労、妄想、悩み、心配、不安、恐怖がその場から消えていく魔法のポスト～

1. 心に残っている過去の「出来事」、解消したい「感情」を記入しましょう。
2. 「完璧、完璧、完璧」と唱え続けましょう。（結論が先、すべてが完璧）
3. 「これで良かった」と思える理由を記入しましょう。なかなかそう思えなくても、まずは筆を走らせましょう。（いくつ記入してもOKです）
4. 「愛の行動リスト」は、その出来事が良くなるということよりも、周囲や人生全般にとっての「明るい未来」を具体的に書きましょう。
5. 「完璧、完璧、完璧」と唱え続けましょう。

このリストは、どこから記入して頂いてもOKです。また繰り返し記入する事で、あなたの意識の次元が高くなる効果が生まれます。

出来事や感情	これでよかった (過去を全肯定)	愛の行動リスト (未来に道をつける)	優先 順位
仕事が少なくなり、収入が減った	・娘と過ごせる時間が増えた ・セミナーや勉強会に参加する時間がとれるようになった ・家にいられる時間が増えた	・娘と一緒に出かける機会をもっと作る ・ずっとできなかった庭の手入れをする ・お弁当を作って、娘のテニスの試合を応援にいく	1 3 2
夫が私の状況を理解せず、全く協力してくれない	・お互いにコミュニケーション不足だと気づいた ・相手のことを思いやることの大切さに気づいた	・夫とデートする時間をとる ・夫と話すときには、他のことは忘れて、夫の話をしっかりと聞く	2 1

※注意点

① 自分に他人にも完璧を求めない。なぜならば、すでに、全ての人が『完璧』であるから。

② 「完璧」を唱えることで苦しくなったら、「これでよかった」を唱える。

私はそれから、「完璧　愛ポスト」をコピーして持ち歩いた。時間があるときには取り出して表に書き入れ、『完璧』を繰り返した。「これで何が起きるんだろう？」実感できないまま、数日が過ぎた。

仕事で帰りが遅くなったある日、真っ暗な玄関を開けると、バタバタ……と足音が。

「お母さん、おかえりなさい」

真美が玄関まで出てきて抱きついてきたのだ。一瞬、何が起こったのか分からなかった。もうすぐ高校に上がろうという真美は、親に抱きつくような年齢ではないのに。

「真美、何かあったの？」

「ううん、べつに。でも、お母さんに会いたかったの」

私の周りで何かが起こっているようだった。明らかに、日常で感じるものが変わっているような気がする。相談したくて、佐藤氏に電話してみた。

「それが、『完璧』なんです。あなたの意識が変わったから、娘さんの対応が変わったんです。あなたの空気やエネルギーが変わったのを敏感に感じているんでしょう」

「私、まだ実感できなくて……」

「安心してください、これから実感できるようになりますよ。宇宙の摂理は『完璧』なんです」

娘

不思議だった。あれだけ仕事のことでショックを受けていたのに、いつの間にか日常生活の中で大きく動揺するような出来事がなくなった。毎日穏やかに、そして静かな心で過ごせるようになった。そんな私の変化を敏感に感じ取ってだろう、真美がそれまでよりもよく話しかけてくるようになった。

ある時、台所で夕食の準備をしようとしていると、真美が近寄って来た。

「お母さんはどうして最近、週末に出かけなくなったの？」

そう言えば、いつの間にか毎週のように参加していたネットワークの集まりには行かなくなっていた。成功哲学のセミナーや本からも、遠ざかっていた。私は、スケジュール帳に挟んでおいた「完璧　愛ポスト」を取り出し、こっそり大切な秘密を伝えるように真美に話し始めた。

「それは、お母さんが『完璧』だからよ。宇宙のリズムに意識がぴったり合うようになると、素晴らしいことが次々に起こりだすの」

「どういうこと?」

私は娘に、佐藤氏から聞いた話と『完璧』の唱え方を教えた。そして最後に、

「大切なのは、『完璧』を自分に求めることではないの。ただ『完璧』を受け入れるということが大切なのよ」

黙って聞いていた真美だったが、意外なことに興味を持ったようだった。

「私もやってみたいから、その紙くれる?」


そのちょうど1週間後、私たち夫婦は結婚記念日で、久しぶりに二人で出かけた。夜遅くなったので、すでに真美は寝ていると思ってそっと家に入ると、ガサゴソと真美が部屋から出てきた。

「あら、まだ起きていたの? 寝ててって言ったのに……」

「結婚記念日、おめでとう。それで、ちょっとお父さんとお母さんに手紙を読みます。笑わないで聞いててね」

ポケットから折りたたんだ紙を取り出して、真美が読み始めた。

「お父さんお母さん、結婚記念日おめでとう。
大好きな二人に感謝の気持ちを伝えたくて、手紙を書くことにしました。

私は15年と3ヶ月前にこの地球上に誕生しました。産んでくれたのはお母さん。頭からちゃんと出てこなくて大変だったそうですね。大変な思いをして私を産んでくれて、本当にありがとう。

名前を付けてくれたのはお父さん。「真実を見る美しい心を持てるように」と言って漢字の形や音、様々なことを考えてお母さんと一緒にこの「真美」という名前を付けてくれました。

それから私は大事に大事に育てられました。夜に泣いて朝に寝て、実際昼夜逆転の生活リズムになっていたそうですね、お父さんとお母さんはちゃんと寝ずに面倒をみてくれました。本当にありがとう。

保育園のころから茶道や英語を習わせてくれました。いろいろなところにも連れて行ってくれました。

小学校の受験で合格した日、お母さんは発表の会場で、お父さんも仕事から帰ってきて『おめでとう』と言ってくれました。それから小学校の6年間は、たくさんの迷惑を掛けてきました。音楽のクラブに入ってサックス担当になり、最初にソロのパートが決まったとき、お母さんは本当に喜んでくれて、お父さんはビデオを片手にコンサートに来てくれたのを今でも覚えています。

6年生になってからはソロのパートをたくさん任され、二人は親戚、知人をたくさん呼んで、張り切って聴きにきてくれました。とても嬉しかったです。

中学生になってからは、ろくに勉強もせずに成績もよくなかったけれど、『勉強しなさい』とも言わずに暖かく見守ってくれました。合唱祭での伴奏、陸上競技大会でのリレーの選手に3年間ずっと選ばれて、そのたびに『すごいね。すごいね』と言ってくれて、大きな自信をつけてくれたのもお父さんとお母さんでした。

中学3年生、ついに受験の時期を迎え、『この高校に行きたい』と切り出した私に反対もせずに『がんばりなさい』と言って、入りたい塾にも入れてくれました。私の学力では難しいと分かっていたにもかかわらず、私の中の本当の力を信じてずっと応援してくれていました。そのまっすぐな応援が私の不安な背中を勢いよく押してくれたんだと思っています。

日々の成功の数々はお父さん、お母さんの素晴らしい力を受け継いだからだと確信しています。ラッキー過ぎだよね。いつも本当にたくさんの愛をありがとうね。今まで気づかなかったけれど感謝の気持ちでいっぱいです。本当にありがとう。私をこんなに大切に育ててくれてありがとう」

私は、思わず顔を手でおおった。嬉しくて涙があふれた。嬉しい、ただただ嬉しい。

「ありがとう、こんな素敵なプレゼントは生まれて初めてよ」

聡も感激しているのだろう、目頭が赤くなっている。真美の頭をグルグルとなでた。

「本当にありがとう。最高の結婚記念日のプレゼントだよ」

飛翔

それからだった、雪崩のように変化が起こったのは。

私はシステムエンジニアの仕事をすんなり辞めた。自分でも不思議だった。あんなに会社に残ることに拘《こだわ》っていたのに。その数週間後、知人の紹介で、新しい会社にお手伝い感覚で入ることができた。ITの技術を見込まれて、社内のパソコンの操作教育係として働いていたのだが、4月からの事業拡大のため、顧客向けのIT講師として働くことになった。突然、何十人もの人の前で講義をすることになっても、なぜか気負うことなく、すんなりと話をすることができた。講座は人気で、アンケートの満足度も常に高得点。涙ぐんで聞いてくださる方もいる。収入は半年後には、前職を上回っていた。

仕事が落ち着いてから、私は佐藤氏に電話して心からお礼を言った。

「お役に立てて何よりです。雅美さんだけでなく、ご家族全員の意識が変わったから、これだけの変化が急速に起きたのでしょう」

「でも、不思議なのです。自分が努力して頭を悩ませるわけではなく、自然と仕事が上手く運ぶようになりました。あの頃は、講師になるなんて想像もしていませんでしたが、自己啓発やネットワークビジネスで身につけた知識が、自然と活かせているのだと思います」

「それが、『完璧』なんです。エゴで考えているときには、本当の自分、真我からのメッセージを受け取れていなかったのです。でも、真我から行動しているときは、何の抵抗もなく物事が上手く運ぶようになるのです。娘さんはいかがですか?」

「娘は、以前はちょっと反抗するようなこともあったのですが、今では、すんなりと私の言うことを受け入れてくれるようになりました。私の中で『立派な人に育てなきゃ』という気負いがなくなって、娘の人生を心配しなくなったからだと思います」

「娘さん自体が『完璧』なんですね」

「そうです。不思議なのですが、自分の子どもという感覚がないんです。娘に対して『この世で一緒に協力しながら生きて行く人』『私に気づきをもたらす人』という感謝の気持ちしかないんです。お互いに信頼しあって、とてもいい関係になっているのです」

「素晴らしいですね。旦那さんとの関係はいかがですか？」

「喧嘩がなくなりました。今では何でも相談できるようになりました」

「何か心の変化はありましたか？」

「あの表を書いているときに、『彼と結婚して間違っていなかったんだ』と気づいたのです。そしたら、心の底から、彼が必要でとても大切だと思えるようになりました。今では、夫と深いところでひとつに繋がっていると感じます。ただただ、感謝の気持ちでいっぱいです」

「すばらしいですね」

「以前は、私の周りでは事件ばかりでした。心を痛めて、悩んで、疲れ果てていました。それが、私の周りで何も起こらなくなったのです。何も起こらない事がこんなに楽しい、穏やかで幸せなことだなんて知りませんでした」

「それが『完璧』なんです。あなたがご自分の状況を受け入れたから、そうなっていったんですよ。『完璧　愛ポスト』を続けてください」

解説編

――なぜ、『完璧』と唱えることで、山田さんの世界が一変したのでしょうか？

完璧の本当の意味を理解し、納得し、心から分かったときに、彼女に変化が起きました。まさに心の仕組みとはそのことなんです。人間の潜在意識の中に、そのことが理解できなくても言葉の力で変化するパワーがあります。『完璧』をより理解すればその力は数倍、数十倍にも増えていきます。しかし、理解しなくても『完璧』という言葉が潜在意識に働きかけて変化を起こしていくのです。

昔から「南無阿弥陀仏」、「南無妙法蓮華経」と唱えると救われると言われています。さらに、その意味を理解すれば、潜在意識の奥深くまで浸透し、深い心が動き出し、意識次元があがります。

意識次元が上昇すると、発するエネルギーが変化するのです。

例えば磁石を例にすると、意識が変わると磁石というエネルギーが変わる。磁石が変わると引き寄せるものが変わるでしょう。

普通、磁石は鉄を引き寄せますが、仮にゴミを引き寄せる磁石というものがあったとして、そのエネルギーに変化したら、鉄が離れてゴミがつきます。しかし、黄金を引き寄せる磁石になったら黄金を引き寄せるのです。

意識も同じエネルギーのものを引き寄せます。意識が変わると、出会いや現象がおのずと変わってくるのはこのためです。

誰でも、意識が真我に近づくと、エネルギーはまさに黄金を引き寄せる磁石に変わり、あらゆることが同時に変化していくということが、彼女の体験から分かります。

――娘さんが変わったことも、山田さんに影響があったのでしょうか？

もちろん、あります。意識の世界は自分とあらゆるもの、究極的には全世界に影響を与えます。

娘さんも『完璧』を唱えることにより、お互いの真我が開いて「神鏡の法則」で向き合うようになりました。娘さんが、山田さんに手紙を読んだところがあったでしょう。あのときに、娘さんの真我が開いたのです。

山田さんの次元が上がることにより、現象が変わりましたが、娘さんの次元も上がることにより、お互いに「映し鏡」になったのです。自分だけでなく相手も映し鏡になって反射しあうことで、より次元が上がるスピードが増したということです。家族は、常に一緒にいる存在なので強力なパートナーといえます。だから自分だけよりも家族も真我に気づくと、お互いにカルマが薄れ、アセンションしていくのです。

――このお話は、「原因と結果の完璧」「宇宙の完璧」どちらでしょうか？

どちらもです。認識が変わっていく姿、アセンションしていく姿は「原因と結果の完璧」ですが、その奥にある真我、神は原因も結果もアセンションもないので「神の完璧」です。

さらに、原因も結果もない世界の「神の完璧」を認めると、人間が認識できる「原因と結果の法則」が変わってくるということです。

『完璧』の素晴らしさ

問題の答えは問題です。問題と捉えるその心で解決策を考えても、そこから導かれる答えは、次の問題となります。ですから、『完璧』であるというところからスタートするのです。

答えはもう決まっているのです。

あなたは今、真っ暗なトンネルの中にいるとしましょう。出口が見えずに苦しいかもしれません。でも、今はそうでも、1年後に何か答えが出るかもしれない。一生を振り返ったら、あの時はあんなにつらかったけれど、これでよかったんだと思えるかもしれない。

それを、今分かりましょうということです。

この道を行ってどこに辿り着くか分からなかったら、不安になるでしょう。でも、ゴールから見ると、川を渡る道も山道も、雨の日も風の日も、すべてはこのゴールへ繋がっているということが分かるでしょう。

それが分かれば、どんな道もどんな天候も、心安らかに明るい気持ちで乗り越えていくことができます。

どんな状況にあっても『完璧』であると、答えはもう決まっているのですから、そのことに思い悩んで一生の時間を無駄にすることはありません。

私たちが良い悪いというのは、根拠のないことです。あなたがそう決めたものがすべてです。それが心の性質です。

どう生きたらいいのか、誰も教えてくれません。なぜならば、あなたと同じ人は世界中に一人もいないからです。ある程度参考になっても、あなたにぴったりとは当てはまりません。だから、自分で自分を見つめるしかないわけです。自分を見つめていって、自分を理解し、自分のやるべき天命を発見するのです。

そしてまた、『完璧』というのは、自分にだけ作用するのではありません。同時に、相手も周りも変化させます。どんなことがあっても、「これでよかった」から出てくる言葉、行動は、それを表すもの（そのような顔つき、態度、話）になります。自分のためになり、周りの人たちのためにもなっているのです。同時なのです。矛盾がないのです。

人のため人のためと言ったら偽善になりやすく、自分のため自分のためと言ったらエゴになりやすいものですが、宇宙の『完璧』は、まさに完璧に、人のためも自分のためも同時ですから、迷いがないのです。

『完璧』の心の浄化作用と心の貯水タンクの入れ替え

人間の心は「観念」「業《カルマ》」「真我」の三層構造で成り立っています。

過去の記憶である「業《カルマ》」が、外からの刺激によって反応し、自分では忘れていたことも突然湧きあがってきます。いわば、「業《カルマ》」は膨大な水の入った貯水タンクのようなものです。この貯水タンクが、つらかった、苦しかった、悲しかったというネガティブな記憶でいっぱいだったとしたらどうでしょうか。泥水が入っていたら、出てくるのは泥水だけです。これが言葉や行動に影響し、自分を責めるか他人を責めるかどちらかになります。自分を責めると鬱病になりやすく、他人を責めると戦いになります。あなたは貯水タンクをきれいにしたいと思うに違いありません。しかし残念ながら、「業《カルマ》」は、知識や理性ではどうすることもできません。浅い心で深い心を変えることはできないのです。

「完璧」など善き言葉を唱えるということは、貯水タンクの水をきれいにする浄水器のようなものです。頭をプラス思考にしたり、つらかった思い出を忘れることではありません。言葉をかぶせてごまかしたり、無理にそう思わせることではないのです。もともと完璧である真理を言いきって、きれいな水に変えるのです。

さらに私は、貯水タンクの水を丸ごときれいな水（心）に入れ替えてしまう、真我を引き出す指導を行っています。濁っている貯水タンクの水をより透明にきれいにします。それが真我開発講座です。その真我開発講座と、日常では、『完璧』と、『これでよかった』『ありがとう』『だからよくなる』という言葉を唱えることで、運が開けていきます。泥水だと重くて沈みますが、透明になると軽くなって浮きます。これは意識次元の上昇（アセンション）です。

透明な軽い心になると、あなたから出てくる言葉や顔つきや態度が良くなります。あなたが醸し出すエネルギーが良くなってくるのです。見えないものがどんどん良くなってくるわけです。そうなると、運命が良くなってきます。あなたの運命だけではなく、あなたの周りにいる人たちも良くなってきます。大変ダイナミックな動きになってくるのです。

私は、20数年にわたって真我だけを研究してきました。8万人の人生が好転したのを目の当たりにし、これはすごい、間違いないと、その確信は深まるばかりです。

心の三層構造のしくみを理解し、完璧である真我を自覚したら、誰でも間違いなく、さらに素晴らしい人生を歩むことができるのです。

～エピローグ～

いかがでしょうか。

最後に、もうひとつ、エピソードをご紹介します。

愛媛県で私が「限りない可能性にチャレンジ」というテーマで講演をしたときのことです。

300人ほどの会場で、座席はいっぱいに埋まっていました。

演台に立ち、話を始めると、徐々に会場全体が見渡せるようになりました。

すると、正面後部でひとりの車イスの青年が私を見つめ、熱心に聞き入っている姿が目に入りました。まるで一本の糸が青年の視線から発せられ、私の心へ一直線に飛び込んで来ているようでした。


講演が終わり、明かりが点くと、席を立ち上がり出口へ向かう2本の列が通路にでき、ざわめきとともに、人々が去っていきました。私はそれを追うように歩き、たくさんの方の会釈に答えながら、一歩一歩、車イスの青年のところへと向かっていきました。


「こんにちは、今日はよく来てくれたね」

車イスの青年は私を見ていました。

私は彼の心の奥底にある『完璧』な姿を見ながら話を始めました。

私は車イスを指さして、「あなたは素晴らしい財産を持っているね」と言いました。

青年の返事を待たずに、

「あなたのその車イスの姿は財産ですね」と続けて言いました。

青年は、まばたきもせず、私をじっと見つめていました。

「あなたの今の、車イスの状態こそが『完璧』な財産なんですよ。この会場に300人はいたと思うけれど、あなたのように車イスの人はひとりもいなかったよね。でも世の中にはあなたと同じ車イスに座っている人がたくさんいます。あなたが今日私の話を聞いて、自分の車イスの姿そのままを『完璧』と受け入れられるならば、今この瞬間からその姿は財産に変わりますよ。宇宙に『完璧』でないものなどひとつも存在しません。だからあなたという存在も、そのままで『完璧』なんです」

会場にはすでに人影はなく、我々だけになっていました。私の声が会場に響き渡っていました。

「世の中で天才と呼ばれている人は、多くのことをせずに一つのことに集中してきたのです。王貞治さんは野球でボールをただただ毎日遠くに飛ばすことだけを何十年も研究し、実行して、世界でナンバー1のバッターになりました。そのかわりに、もしかしたら政治や経済のことはそれほど理解していなかったかもしれない。しかし一つのこと、野球のことだけを考えていたからこそ『世界の王』と呼ばれる人物になったのでしょう。ホーキング博士を知っていますか。身体が不自由だからこそあれだけの大科学者になったのかもしれない。健康であるがために、いろいろなことに時間を費やしすぎて中途半端な人生を送っている人は数多くいるのです」

青年は私の話を聞くために、少し身体を乗り出したように思えました。

「あなたもこの状態を逆にチャンスと思って一つのことに専念してみたらいかがでしょう。徹底的に何かに専念して、そのことにだけに生涯をかけるのです。そうすればあなたは『誰にも負けない天才』になれるでしょう。健康な人が絶対に味わうことのできない深い人生を味わうことができますよ」

太陽の光が地上を照らすために雲間を探し、だんだんと輝きを増すように、彼のまなざしはみるみる光り始めていました。

私はその眼を見た瞬間、この光を忘れてはいけないと思ったのです。

自身がすでに持っている『完璧』に気づいた瞬間から、彼の人生は変わり始めました。私の言葉を信じ、車イスの体そのままを生かして、絶対に天才になると本気で努力しはじめたのです。

ここに、その3年後に彼が送ってくれた手紙をそのまま掲載します。

「佐藤康行先生

謹啓 ―― 梅雨のうっとうしい今日この頃です。御無沙汰しております。三年前、四国の愛媛の伊予三島市で先生がご講演くださりましたおり、車イスで参加させていただいた者でございます。

あのとき、佐藤先生は私の車イスの姿を見るなり『君は素晴らしい財産をもっているね。こんな財産は誰も持っていないよ』とおっしゃってくれました。

私は目から鱗が落ちました。あの日以来、私は誰も持っていない特別ないいものを持っているんだという気持ちを常に持てるようになり、せっかく気づかせてくださった長所だから何とかして生かさなければ、と考えるようになりました。

そしてもう一つ、佐藤先生はあの日、『心からわくわくすることをしなさい』ともおっしゃいました。

私は事故に遭ったとき、大学工学部の学生でした。元々エンジニアの道に進みたいと思い、大学に通っていましたが、不自由な身体となり、諦めていました。自分が本当にやりたいと考えていたのは理工系の仕事であります。

どうにかしてよい仕事はないものかと探していましたら、勉強会で知りあった方からのご紹介で、設計をするためのコンピュータソフトを開発販売している会社の社長さんと出会うことができました。図面を描くという作業は現在ではコンピュータがしてくれます。コンピュータの操作は不自由な体でもできるのです。

私はその社長がデモをしてくださるのを見て、わくわくしました。『これだ！』と思いました。自分のしたいことと、自分にできることがあったのです。その社長は、『君の目を見ていたら、成功できるということが分かった。全面的にバックアップするからやってみろ』とおっしゃってくださり、仕事をさせてもらえるようになりました。

一つ目標を達成しました。今では少し信用もできたのか、仕事の量も増えてきました。やはり、人よりも何倍もの時間がかかるので、土曜日曜も関係なく仕事をしております。不自由を言い訳にしたくありませんから、人の三倍努力すればなんとか一人前のことはできます。

少しオーバーワーク気味で疲れますが、佐藤先生、どんなにしんどくても楽しくて楽しくてしかたがないのです。

いつの間にか、どんなことでも楽しみに変えてしまうフィルターを身に付けたようです。佐藤先生のお言葉で目から鱗が落ち、それからというものは気味が悪いくらい人生がうまく前進しております。

佐藤先生の一言が私にとってまさしく「成功と幸福を呼ぶ言葉」となりました。本当にありがとうございます。

文末になりましたが、以前、テレビ番組で立ち食いステーキの特集が放映されており、佐藤先生が御活躍しているところを拝見しました。

不快な時候ですが、くれぐれもご健康にはご留意され、ご活躍ください。ますますのご発展を心からお祈り申し上げます。

加藤誠

乱筆、お許しください」

私の目からみて、彼の姿は車イスのままで『完璧』にしか見えませんでした。体が不自由で一つのことにしか集中できないというのは、他の人と比べると不完全に思えるかもしれません。しかし、「天才になる条件」という観点で考えると、一生涯一つのことを追求できる環境というのは一つの才能なのです。だから私は彼に「すばらしい財産を持っているね」と声をかけたのです。

どんな人でも、様々な状況を抱えて生きています。借金のある人も資産のある人も、障害がある人も健康な人も、すべて同じ命です。だから今の状況を障害と捉えるのか、それとも財産として捉えるのかで人生が変わってきます。

今の瞬間、ここが出発点です。あなたはそのままで『完璧』なのです。それに気づくこと、受け入れることでこれからの人生が変わってきます。

あなたの人生が素晴らしいものになることを、心から願ってやみません。

佐藤康行

著者プロフィール

佐藤康行（さとうやすゆき）
1951年、北海道美唄市生まれ。「メンタルサイエンス研究所」主宰。メンタルサイエンスの第一人者。
古今東西、その存在が知られてきた「真我（しんが）」(=「本当の自分」)を誰でも確実に体感し、「自分を愛し、他人を愛し、全てを愛せる心」を現実世界に生かすという極めてユニークな研修活動、カウンセリングを二十数年に渡り展開してきた。真我で人生が好転していった人の数は７万人に及ぶ。家庭や職場の人間関係から、男女関係、親子関係、セールス・経営、健康、お金、天変地異と、分野を問わない独自の切り口は賛否を待たず、老若男女、職業の枠を超えて、その門戸を叩く人が急増している。
著書は70冊以上。主な著書に、『ココロ美人』、『悩み解決「明快」答』、『あなたの悩みは一瞬で消せる』（以上、ハギジン出版）、『捨てる哲学』（日新報道）、『ダイヤモンドセルフ』（アイジーエー出版）、『わがままスッキリノート』（たま出版）がある。

神《かみ》さまの鏡《かがみ》

いつのまにか幸《しあわ》せになる愛《あい》のレッスン

佐藤康行《さとうやすゆき》

明窓出版

平成二十四年五月二五日初刷発行

発行者——増本　利博

発行所——明窓出版株式会社

〒一六四—〇〇一二

東京都中野区本町六—二七—一三

電話　（〇三）三三八〇—八三〇三

FAX　（〇三）三三八〇—六四二四

振替　〇〇一六〇—一—一九二七六六

印刷所——シナノ印刷株式会社

落丁・乱丁はお取り替えいたします。

定価はカバーに表示してあります。

ISBN978-4-89634-303-8

ホームページ http://meisou.com

宇宙の実相
～ひふみ神示、ホツマツタエより

實方みどり

五次元上昇はすでに始まっています。信じられないかも知れませんがどんどん変化しています。

この本を読んで、意識変容して下さい。明るい未来が感動を伴って待っています。


宇宙の真理を探究するのは、遊園地で遊ぶようなもので、次はどんな乗り物に乗ろうかと考えるだけでも楽しい。

「宇宙の真理・実相」などと大袈裟かも知れないが、日々暮らしていく上で柱となる考え方を持っていれば、何事が起きても、平常心を失わずにいられるようになる。

十五年程前から読み込んでいた「ひふみ神示」に加え、「ホツマツタヱ」を知り得たことで、急速に、「ひふみ神示」の理解が進んだ。更に、「百人一首」の核も、「ホツマツタヱ」であったと気が付いた。「ホツマツタヱ」が偽書でないことは、その内容が宇宙の真理を正しく把握させてくれるものであることからも、よく解る。

ただし、「ホツマツタエ」には、伝言ゲーム的に、内容に多少の狂いがありそうだ。それは「ひふみ神示」をよく読めば解る。

(本文より)

定価1365円

光の鍵

〜アカシック・レコードの扉を開ける

オジャ・エム・ゴトウ

癒しの街バンクーバーのスピリチュアル・ヒーラー、オジャがアカシャの記憶へとあなたを導く。
アカシック・レコードは、宇宙にあるといわれる、地球や人類の過去・現在・未来の記録のことをいいます。アカシック・レコードの情報は、ある状態が整えば、誰でも受け取ることができます」＊アカシックに誘導するCDと、イラストが美しいオラクルカードも、付録としてついています。

(感想文より)「未曾有の大震災、原発事故など暗いニュースばかりの中、これから毎日の心の拠り所をどこに求めたらいいのか、そんなことを考えながら直感的にこの本を購入しました。付属のCDをかけて、少しずつ読み進むうちに答えは自分の中にあることに徐々に気付いていきました。精神論だけが長々と書かれていて、読み終わっても『じゃあどうしたらいいの？』という疑問ばかりが残る本が多い中、この『光の鍵』は全て必要なことが18の鍵に集約されており、誰にでもとても読みやすく、しかも実践的なのが素晴らしいと思います。週末にさっそく読み始め、2の『深呼吸』3の『看板作り』と進んで行き、ちょっと一休み。洗面所に行って、ふと鏡に映った自分を見てみると何だかすっきりした顔に……。オラクルカードの絵も、見ているだけで心が洗われるような気がして、とても不思議です……」

定価1680円

～人の行く裏に道あり花の山～

誰も知らない開運絶対法則

中今悠天（白峰）・有野真麻 共著

開運の絶対法則とは、地球全体の70％の海の海岸の砂浜から一粒の砂を探すようなものです。

されど、生命のリズムと等しく大自然の法則なり。

海の砂浜の意味がここにある。海はあらゆる生命の源なり。

開運絶対法則は、人生、人間のために、アリノママに働く法則なり。

境界線なくば魅力尽きず。魅力あれば境界線なし。

奥の細道、時の旅人松尾芭蕉ならぬ中今仙人との対話集です。


著者は、多くの成功法則本の間違いは、時間を過去→現在→未来へ流れるものと捉えていることだと言います。本当は、イマ、ココしかない、時間は過去から未来へと流れるものでなく、一瞬、一瞬、新たなるイマが、絶えず生れ続けているのだと……。たとえば、普段、私たちが使用している交流電燈は、実は明かりがついたり消えたりしているのですが、ずっと灯り続けているように私たちは感じてしまいます。同様に、一瞬、一瞬、新たなるイマが、絶えず新生し続けているのに、過去→現在→未来へと時間が続いているように感じていると言うのです。 そんな非常識の常識から導き出された、驚きの開運法とは……？

定価1500円

「大きな森のおばあちゃん」 天外伺朗

絵・柴崎るり子

象は死んでからも森を育てる。
生き物の命は、動物も植物も全部が
ぐるぐる回っている。
実話をもとにかかれた童話です。

定価1050円

「地球交響曲ガイアシンフォニー」
龍村　仁監督 推薦

このお話は、象の神秘を童話という形で表したお話です。私達人類の知性は、自然の成り立ちを科学的に理解して、自分達が生きやすいように変えてゆこうとする知性です。これに対して象や鯨の「知性」は自然界の動きを私達より、はるかに繊細にきめ細かく理解して、それに合せて生きようとする、いわば受身の「知性」です。知性に依って自然界を、自分達だけに都合のよいように変えて来た私達は今、地球の大きな生命を傷つけています。今こそ象や鯨達の「知性」から学ぶことがたくさんあるような気がするのです。

「花子！アフリカに帰っておいで」

「大きな森のおばあちゃん」続編　天外伺朗　絵・柴崎るり子

山元加津子さん推薦

今、天外さんが書かれた新しい本、「花子！アフリカに帰っておいで」を読ませて頂いて、感激をあらたにしています。私たち人間みんなが、宇宙の中にあるこんなにも美しい地球の中に、動物たちと一緒に生きていて、たくさんの愛にいだかれて生きているのだと実感できたからです。

定価1050円

「完璧　愛ポスト」

～取り越し苦労、持ち越し苦労、妄想、悩み、心配、不安、恐怖がその場から消えていく魔法のポスト～

1．心に残っている過去の「出来事」、解消したい「感情」を記入しましょう。
2．「完璧、完璧、完璧」と唱え続けましょう。（結論が先、すべてが完璧）
3．「これで良かった」と思える理由を記入しましょう。なかなかそう思えなくても、まずは筆を走らせましょう。(いくつ記入しても OK です)
4．「愛の行動リスト」は、その出来事が良くなるということよりも、周囲や人生全般にとっての「明るい未来」を具体的に書きましょう。
5．「完璧、完璧、完璧」と唱え続けましょう。

このリストは、どこから記入して頂いても OK です。また繰り返し記入する事で、あなたの意識の次元が高くなる効果が生まれます。

出来事や感情	これでよかった (過去を全肯定)	愛の行動リスト (未来に道をつける)	優先 順位

※注意点

① 自分に他人にも完璧を求めない。なぜならば、すでに、全ての人が『完璧』であるから。

② 「完璧」を唱えることで苦しくなったら、「これでよかった」を唱える。